国土空间规划
与测绘地理信息技术

刘艳红　　石成岗　　刘杨杨　　主编

汕头大学出版社

图书在版编目（CIP）数据

国土空间规划与测绘地理信息技术 / 刘艳红，石成
岗，刘杨杨主编. -- 汕头 ： 汕头大学出版社，2024.
12. -- ISBN 978-7-5658-5527-6

Ⅰ. F129.9；P208.2

中国国家版本馆CIP数据核字第2025E8H592号

国土空间规划与测绘地理信息技术

GUOTU KONGJIAN GUIHUA YU CEHUI DILI XINXI JISHU

主　　编：刘艳红　石成岗　刘杨杨
责任编辑：郑舜钦
责任技编：黄东生
封面设计：周书意
出版发行：汕头大学出版社
　　　　　广东省汕头市大学路 243 号汕头大学校园内　　邮政编码：515063
电　　话：0754-82904613
印　　刷：廊坊市海涛印刷有限公司
开　　本：710mm×1000mm　1/16
印　　张：9.75
字　　数：165 千字
版　　次：2024 年 12 月第 1 版
印　　次：2025 年 2 月第 1 次印刷
定　　价：52.00 元
ISBN 978-7-5658-5527-6

编委会

主　　编　刘艳红　　石成岗　　刘杨杨

副主编　张　兵　　陈平福　　甘　泉

　　　　冉建波　　阚士强　　王　颖

　　　　伍廷良　　曲长啸　　韩学山

　　　　凌亚龙　　代炆轩

　　进入21世纪以来，全球工业化和城市化进程加快，许多国家城市规模和空间需求快速增长，地面和地上空间开发利用逐渐饱和，扩充城市容量、缓解交通压力、完善基础设施、强化城市功能、增加城市绿地、保护人文景观等已成为人类在有限的地球上扩大生存空间、改善生态环境唯一实现的途径，对人类社会未来发展有着难以估量和不可替代的重要意义，综合利用国土空间是国土资源开发的必由之路。

　　本书从基础理论出发，深入浅出地剖析了国土空间规划的核心理念与基本原则；随后探讨了规划的实施管理机制及具体的管理措施等内容，旨在确保规划方案的有效执行。此外，还特别关注了城乡专项规划的实践案例，通过分析具体项目的成功经验和教训，为读者提供了宝贵的一线资料。在技术层面，本书重点介绍了地理信息技术，特别是摄影测量学与遥感技术在国土空间规划中的应用，展示了这些先进技术如何助力规划者获取精准的数据，并做出更加科学合理的决策。此外，还概述了其他测绘地理信息技术及其在国土空间规划领域的广泛应用，强调了技术创新对于推动国土空间可持续发展的重要意义。

　　本书参考了大量的相关文献资料，借鉴、引用了诸多专家、学者和教师的研究成果，其主要来源已在参考文献中列出，如有个别遗漏，恳请作者谅解并及时和笔者联系。本书的写作得到了很多专家学者的支持和帮助，在此深表谢意。由于笔者能力有限，时间仓促，虽经多次修改，仍难免有不妥与遗漏之处，恳请专家和读者指正。

第一章　国土空间规划基础理论

第一节　国土空间规划相关概念界定

一、国土空间规划

国土空间规划代表了我国在国土利用与空间发展方面的一项创新规划体系。作为一种综合性和战略性的规划模式，其核心目标是通过科学的空间布局优化，实现国土结构的合理配置，以促进经济与社会发展与自然资源环境保护的和谐共生。

国土空间规划的主要目标包括：①保护生态，确保生态安全，划定生态保护红线，维护生物多样性；②节约资源，高效利用土地和其他自然资源，减少浪费；③优化布局，合理安排城乡建设、产业发展、基础设施等的空间位置，促进区域协调发展；④改善环境，提升人居环境质量，防治环境污染；⑤保障民生，满足人民对美好生活的需要，提高生活质量。这一规划体系通常包含全国国土空间规划，指导国家层面的发展战略与空间布局等多个层级。

二、国土空间规划的基本关系

(一) 规划与市场

规划与市场之间的互动关系是当代国土空间规划实施中的核心议题，它直接影响到规划的功能定位与未来使命的实现。在改革开放后的时代背景下，中国的城市规划和土地规划逐渐从传统的经济社会发展计划中独立出来，更多地引入了市场经济国家在空间规划方面的有效经验。然而，受限于传统计划经济的思维定式和对市场经济规律理解的不足，目前我国的空间规划功能定位仍显模糊不清。因此，深化对规划与市场关系的理解，是准确把握规划功能定位、合理构建新时代国土空间规划体系的思想基础。规划与市场之间的关系处理，是实现国土空间规划现代化的关键，我国主要从以下两个方面进行处理：

一方面，针对市场机制无法解决的外部性、垄断问题、不公平的收入分配、公共物品供给不足等市场失灵与市场缺位现象，我国建立和完善了国土空间规划体系，加强了对国土空间资源的监管。由于市场机制的不完备、信息的不对称、竞争的不充分，市场失灵和市场缺位在空间资源开发领域尤为常见，这种普遍性决定了规划控制的必要性。空间规划作为市场经济条件下政府的一项重要职能，对于防止生态环境破坏、促进资源的节约利用、调整空间发展的不平衡、提升公共设施的配置、保障安全空间的充足及防止国土资源的退化等问题，都起到了不可或缺的作用。在这一过程中，政府应当加强空间管控，协调空间开发，以推动资源的节约和公平正义，构建一个安全、和谐、绿色、具有竞争力和可持续发展的美丽国土。

另一方面，克服计划经济时代的思维模式，改进规划控制方法，推动资源向市场化配置转变。在"多规合一"的政策导向下，我国摒弃了四种旧有的经济思维模式：①集中管控思维，我们应当强化底线意识，对关键性要素如国家安全、区域协调、民生改善等进行必要的管控，而避免高度集中的精细化指标管控，让中央和地方都能充分发挥其积极性；②面面俱到的思维，我们需要坚持问题导向，集中力量解决空间资源开发保护中的实际问题，避免规划功能的无谓扩大和细微管理，让市场在资源配置中发挥决定性作用；③条块分割的思维，我们应增强系统观念，注意空间要素间的有机联系和统一性，避免机械式的拼凑和分割，强化规划的整体性和协同性；④确定性思维，我们应认识到市场经济中普遍存在的不确定性，放弃对未来社会经济活动的精确预测的期望，增强弹性和动态的思维方式，及时根据空间系统的反馈做出调整，形成规划政策与空间实践之间的良性循环。

（二）空间规划与发展规划

1. 空间规划与发展规划的联系

空间规划与发展规划密切联系，共同组成国家统一规划体系。它们不仅在任务上相互衔接，在功能上互为补充，还共同推动了国家战略的实施和国土空间的合理利用。

（1）任务衔接

发展规划主要集中于国家的长期发展战略、跨部门和跨行业的大政策，以及具有全局性影响的跨区域重大项目。它将党的主张转化为国家意志，为各类规划系统落实国家发展战略提供了方向和依据。相较之下，空间规划则聚焦于空间开发的强度控制和主要控制线的实施。它通过全面分析国土空间的基本条件，划定城镇、农业、生态空间及生态保护红线、永久基本农田和城镇开发边界等，从而在空间上整合并协调各种管控措施，实现"多规合一"的空间规划目标。在这一过程中，发展规划所提出的关于国土开发和生态环境保护的目标，需要通过空间规划的实施来具体实现。

（2）功能互补

发展规划在国家规划体系中具有指导和统领的作用，它不仅为重大战略和举措提供时空安排，还明确了空间战略格局、空间结构优化的方向及重大生产力布局的安排。这为国家级空间规划的实施留出了必要的接口，确保发展规划与空间规划的有效衔接。同时，空间规划在整个规划体系中扮演了基础和平台的角色。通过在空间开发保护方面的强化，空间规划不仅为国家发展规划确定的战略任务提供了空间保障，还对基础设施、城镇建设、资源能源及生态环保等方面的开发保护活动提供了指导和约束。这种统领与基础的双重功能，使得两者能够相辅相成，共同构筑起具有中国特色的"规划大厦"。

2. 空间规划与发展规划的区别

空间规划和发展规划在中国国家战略中扮演着独特而重要的角色，它们既相互补充，又有明显的差异。这些规划的设计和实施，都是为了推动国家的全面发展，以确保各项资源的合理利用和保护。

（1）规划性质不同

空间规划和发展规划虽然都致力于服务国家的发展战略，但它们的侧重点和性质各不相同。空间规划强调的是对国土空间资源的长期、可持续使用和管理，具有较强的约束力和基础性，是国家和地区发展的空间基础。例如，它涉及国土的保护、土地使用的优化以及城乡建设和环境保护等方面。而发展规划则更侧重于经济社会发展的中短期目标，是指导性和目标性更强的规划，包括经济、社会、科技等多个领域，关注的是人力、资本、资源的

有效配置和利用。

（2）作用机制不同

国家的发展规划位于整个国家规划体系的顶层，为其他各级各类规划提供方向和遵循，通过年度计划、相关政策等多种手段实现其目标。相对来说，空间规划则是发展规划的一个分支，专注于具体的国土空间开发与保护。它不仅要细化实施国家发展规划中的相关要求，也是地方各级空间规划的上位规划，为各类开发建设活动提供依据。

空间规划在实际操作中的重要性不可忽视。它要求以底线思维为指导，将国土空间规划的原则和要求具体化，明确城镇、农业、生态空间的界限，并严格守护生态保护红线和永久基本农田保护红线等。这样的规划不仅在城乡建设和国土空间保护中直接发挥作用，同时也对经济结构的调整和产业的转型升级起到关键作用。

（3）规划期限不同

不论是在区域与城乡发展格局的优化，还是在国土整治与生态修复方面，这些都需要经历一个漫长的过程。因此，国土空间规划的期限较为长远，通常设置为15~20年。相比之下，发展规划需要适应国内外变化的发展环境与市场需求，其规划期限应较短，通常为5年。对于国家级的空间规划，如果其规划期限与国家发展规划不同步，应依据相同时期的国家发展规划中的战略安排，适时对规划的目标和任务进行调整或修订。这样的做法是为了落实国家发展战略、维护国家的整体发展利益所必需的。根据这一政策，未来的空间规划应每五年评估并调整一次，确保与发展规划在发展目标、任务和空间政策等方面的有效衔接，为国家的重大战略任务的实施提供必要的空间支持。然而，从持久的可持续发展角度出发，生态保护红线、永久性基本农田和城镇开发界线不应随意改动，城市空间、农业空间和生态空间的基本格局需要保持稳定。

关于空间规划与发展规划的关系，这一主题在国际规划界亦颇受关注。主流的看法是，一方面，空间规划以物理环境作为其基础平台，物理环境的规模和布局对社会经济生活有着显著的影响，因此空间规划需要承担服务社会经济的重要使命；另一方面，物理环境规划关注的是建筑、道路、土地等物质实体，这与教育、卫生、就业及社会保障等领域有着本质的区别，也是

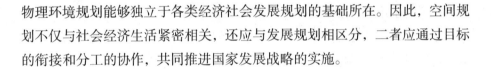

物理环境规划能够独立于各类经济社会发展规划的基础所在。因此，空间规划不仅与社会经济生活紧密相关，还应与发展规划相区分，二者应通过目标的衔接和分工的协作，共同推进国家发展战略的实施。

三、国土空间规划的主要内容

(一) 高质量发展与高品质国土

我国社会正从高速增长向高质量发展转型，这一转变不仅是社会发展的必然趋势，也是满足人民对美好生活向往的重要举措。高质量发展必须建立在高品质国土的基础上，明确高质量发展与高品质国土之间的关系，对于新时代的国土空间规划目标的确立及其路径选择至关重要。

国土是经济与社会发展的根基。过去，粗放的国土开发模式，如过分强调增量、规模扩张，不仅推动了高投入、高污染和低产出的经济增长模式，还导致了自然资源的过度消耗、环境压力加剧及优质生态产品的短缺，成为制约国家发展的瓶颈。为推进高质量发展，亟须转变国土开发与空间治理方式。在此过程中，规划作为治理的基本工具，必须进行创新和变革。国土空间规划的变革不仅涉及规划的目标、技术和实施体系的更新，更关乎国土开发和空间治理方式的质量、效率及动力转变，是生态文明与经济社会转型发展的有机结合，也是在资源环境压力下探索高质量发展道路的一种制度创新。

高质量发展既代表着绿色、低碳、可持续的进程，也体现为高效、充满活力、具有竞争力的发展态势。高质量的发展依赖于高品质国土的空间支持。例如，"深圳速度"的成就，一方面源自市场经济的规律，另一方面也得益于前瞻性的空间规划，如通过带状组团式布局增强空间结构的弹性和超前的城市基础设施建设，为深圳的快速发展提供了坚实的空间支持。国内外的空间规划实践已经证明，通过打造高品质国土，可以实现开发与保护的统一，增强竞争力与确保可持续发展的统一。

在新时代背景下，打造高品质国土空间是国土空间规划的核心战略目标，也是必须迈出的关键步骤。目前，具体的指标、策略与路径仍需要通过深入研究来明确。我们可以参考一些国家在空间规划上的典型经验。例如，日本的《国土形成计划》已将国土开发的重点转变，其五个主要目标包括：①在全球经济一体化的背景下，推动亚洲的区域一体化；②实现经济和社会的可持续发展，包括构建可持续发展的都市圈，推进山村和渔村的美化及农林水产业的创新发展，以及通过地区合作促进人才和人口的流动；③提升抗灾能力和灾后恢复能力；④优化国土管理体系，实现人与自然的和谐共处，以及水资源的合理利用与保护；⑤推动由新型行政主体主导的地区发展。荷兰的《国家空间战略》则旨在建设一个经济强劲、安全且富有活力的社会，并提出四个目标：①提升国际竞争力；②增强城乡发展并确保城乡互通；③保护具有重要价值的自然与文化遗产；④根据水资源情况进行发展。德国的空间发展战略围绕增长与创新、公共服务保障与资源保护三个主题，制定了三大发展目标：①提高发展潜力和区域竞争力；②适应人口变化，支持基础设施和公共服务的提供；③改善居住环境，保护开放空间并发展文化景观。总体来看，各国在国土空间规划中展示出一些共通的趋势：①注重绿色发展和生态价值的保护；②平衡竞争力提升与可持续发展；③重视区域和国际的合作；④加强基础设施建设；⑤凸显每个国家和区域的规划特色，共同推动高质量发展。

(二) 集聚开发与均衡发展

区域平衡发展关乎发展权益的平等实现，也是国土空间规划的核心理念。然而，在推动区域均衡的过程中，维持国土空间开发的活力与效率，即平衡开发效率与公平性的问题，成为现阶段国土空间规划的重要挑战之一。

我国采取的区域经济发展战略虽然极大地提升了东部沿海地区的经济活力，推动了全国经济的快速增长，但同时也使得区域发展的不平衡问题日益凸显。近期通过实行区域协调发展战略，努力缩小内地与沿海地区的差距，虽然中西部地区的增长速度略超东部，但由于起点低，经济总量、人均水平及经济密度的差异仍在加大。同时，南北发展差距已开始替代东西差距成为新的焦点问题，部分地区内的发展不平衡也日益明显。这种区域发展的不均衡，不仅引发了一系列社会和民族问题，还激发了经济上的多种问题。尤其是产业和人口高度集中的地区与资源丰富地区之间的空间错配，导致大规模的人口迁移和资源调配问题，这不仅降低了空间利用的效率，也增加了组织管理上的风险。

应当认识到，在市场经济的背景下，因规模效应、技术革新及资源禀赋等因素的影响，发展不均衡已成为一种常态。特别是随着工业化和城市化的快速推进，规模效应与技术进步对区域经济的推动显著，区域间的差异正在逐步扩大，这种现象在客观上具有一定的必然性。依据"梯度转移理论""累积因果理论""增长极理论""中心—外围理论"，我们可以观察到区域产业发展呈现从沿海向内陆、从高等级到低等级逐渐扩散的趋势。同时，虽然区域经济发展具备阶段性和非均衡性特征，但也不能对非均衡发展的概念进行绝对化解读，因为均衡发展才是终极目标。在区域产业发展过程中，政策因素的作用不容忽视。在空间结构与形态的演变中，集聚与分散的因素、回流与扩散的效应并存，而且在不同地区、不同发展阶段各有不同，这要求我们既要理解均衡与非均衡的发展规律，也需政府适时适度的介入。因此，在现阶段的国土空间规划中，应坚持集聚开发与均衡发展的协调原则。

集聚开发与均衡发展是中国城镇化战略中的两个重要方面。集聚开发通常指的是政府统一规划下的企业相对集中的区域，这些区域通过资源的集约利用来提高整体的经济和社会效益。它包括经济技术开发区、高新技术产业开发区、工业园区等多种形式的开发区和园区。集聚区的特点是企业集中布局、产业集群发展、资源集约利用，并通过这种发展模式促进农村人口向城镇转移。均衡发展则强调的是资源配置的公平性和协调性，旨在缩小不同地区、不同群体之间的差距，实现共同发展。在教育领域，均衡发展要求科学合理地配置教师资源，面向全体学生施教，确保每个学生都能接受良好的教育。此外，还包括推动城乡区域协调发展，加大对革命老区、民族地区、边疆地区、贫困地区和资源型地区的扶持力度。

在实际操作中，集聚开发与均衡发展需要相互协调：一方面，集聚开发可以通过重点发展某些地区来提高整体的经济效率和竞争力；另一方面，均衡发展则要求在推进集聚开发的同时，考虑到对周边地区和社会弱势群体的支持和帮助。通过统筹配置公共资源，推动城乡区域协调发展，可以有效地平衡发展和公平的关系。要实现集聚开发与均衡发展相协调，关键是做到国土开发规模与资源环境承载力相匹配，既防止空间开发的分散化，又克服空间开发的"唯效率论"，在集聚开发、高质量发展的基础上实现均衡发展、共同富裕。

（三）新型城镇化与乡村振兴

城镇作为生产力分布的核心舞台，与乡村——国土空间的基本形态——在乡村振兴战略这一重要决策的推动下，如何处理新型城镇化与乡村振兴之间的关系、合理配置城镇和乡村的发展空间，成为新时代国土空间规划的关键议题。农业和农村问题直接关系到国家和人民的生活福祉，是极其根本的问题。中国社会的主要矛盾已经转变为人民对美好生活需求的增加与发展的不平衡、不充分之间的矛盾，其中最为严重的是城乡发展的不平衡和农村发展的不充分。因此，解决"三农"问题必须成为全党工作的重点，应坚定不移地优先发展农业和农村。这种认识和判断促使党的十九大决定实施乡村振兴战略。

无论从历史的还是逻辑的角度分析，乡村振兴并不意味着排斥或放弃新型城镇化，二者是辩证统一的。首先，二者都是历史必然。城镇化是人类社会发展的必然趋势，乡村振兴是人类社会发展的必然要求。发达的城镇与富美的乡村各得其所，是人类社会的共同追求，是通往现代化的必由之路。其次，二者相互促进。新型城镇化强调以人为本，让农民工逐步融入城镇；强调破除城乡二元结构，促进城乡一体化，这些都是与乡村振兴高度一致的。城镇化不是去乡村化，乡村振兴也不是否定城镇化，二者共存共荣、相得益彰。最后，二者和而不同。城镇化更多关注中心城市、城市群的发展和城市竞争力的提升，乡村振兴更多关注农村三产融合发展、美丽乡村建设和乡村治理；城镇化推动要素向城镇集中、更好发挥集聚作用，乡村振兴希望要素流向乡村、留在乡村。要处理好二者的对立统一关系，就要坚持新型城镇化与乡村振兴同步推进、相互提升，加快形成工农互促、城乡互补、融合发展、共同繁荣的新型工农城乡关系。

科学合理的城镇空间格局是确保新型城镇化健康发展的关键。基于对国内外城镇化发展的总结和经验，已明确城市群为城镇化空间的核心形态，推动大中小城市及小城镇协调发展的策略。城市群作为城镇空间的主体，通过打造一系列具有区域、国家乃至国际影响力的城市群，不仅能够支撑全国经济的持续稳定增长、促进区域城乡协调发展、提升国际竞争力，还有助于遏制城镇的无序扩张、促进集约紧凑的发展、减少"大城市病"的发生、保护农业和生态空间，进而推动城镇高质量可持续发展。国际上关于城市未来是集中还是分散发展的讨论一直存在。德国著名空间规划专家克劳兹·昆斯曼教授曾任欧洲空间规划主席，他的观点"城市的未来是城市群"也反映了国际规划界的主流意见。城市群已在全球范围内得到广泛实践，尤其在发达国家，已成为参与国际竞争的重要平台。

乡村空间格局的集疏有序对乡村振兴也具有重大意义。考虑到乡村的多样化、乡土化和分散化特征，未来应致力于打造集约高效的生产空间、宜居适度的生活空间及保护优美生态的空间格局。

近年来，一些地方借特色小镇、田园综合体之名，进行违背农民意愿、损害乡土文化、破坏自然风貌的大规模拆建，甚至以城市标准规划乡村，这种做法应引起注意。今后，除非是因环境恶劣、生态脆弱、自然灾害频发或因大型项目建设需要迁移的村庄和人口流失严重的村庄外，其他村庄应以提升、融合、保护为原则，慎重考虑迁并集中。例如，浙江的"坡地村镇"（依山而建、点状布局、垂直开发、差别供地）和成都的"小组生微"（小规模、组团式、生态化、微田园）的规划理念和实践，因其适应地形、培育特色而受到广泛赞誉，值得作为借鉴。

（四）新城开发与城市更新

在新时代的背景下，国土空间规划面临高质量发展的新要求，这一转变核心在于处理好新城开发与城市更新之间的关系。传统的增量规划已不能完全满足现代城市发展的需求，必须向存量规划转变，同时也需从单纯追求规模扩张转向更注重结构优化和功能提升。

城市的高速增长正在向高质量发展过渡，这意味着城市建设的重心从新区的开拓转向现有城区的更新。城市更新，亦称为"三旧"改造（即旧城、旧厂区、城中村的再开发），在多个省市已有丰富的实践经验。尤其是在珠三角地区，较早地开始了这种大规模的城市更新实践。通过"三旧"改造，不仅有效地活化了大量的粗放低效用地，而且显著释放了实体产业的发展空间，推动了产业的优化升级及城市品质的全面提升。这不仅增强了城市的综合竞争力，也提高了资源环境的承载能力，从而成为推动城市高质量发展的关键手段。

城市更新的成功在于强化和创新城市规划。有效处理好城市活化与文脉传承的关系，实现功能的再造与疏解，以及景观的重塑与风貌的保护，是城市更新过程中的重要环节。这不仅关系到城市空间的美观和实用性，也关系到城市文化的传承和居民的生活质量。此外，"三旧"改造的关键还在于深化城市土地使用制度的改革。对于存量土地与增量土地供应，需要实施差别化管理，合理地在政府、集体、居民和企业之间分配土地增值收益。这样的管理方式有助于保证公平，同时激发市场活力，促进土地资源的合理利用和城市可持续发展。

四、国土空间规划的方法论

(一)"三区"划分与"三线"划定

在新时代的国土空间规划中，划分"三区"(城镇空间、农业空间、生态空间)和划定"三线"(生态保护红线、永久基本农田、城镇开发边界)构成了规划的核心内容。这些规划措施的执行质量在很大程度上决定了整个规划的有效性与实际影响。在进行这些划分与划定的过程中，有必要深入分析和明确"三区"与"三线"之间，以及划定与管理之间的具体关系。

"三区"概念首先在全国主体功能区规划中提出，它是国土空间分区的一种方法。具体来说，城镇空间主要指那些城镇居住和非农业生产活动集中的区域，不仅包括城市建设用地，还包括那些位于城镇建设区外的独立工矿区域。农业空间则涵盖以农业生产和农村居民生活为主的区域，如耕地、人工及改良草地、园地以及其他农用地和农村居民点。而生态空间则专注于提供生态服务和生态产品，包括天然和人工的草地、林地、湿地、水体及其他如荒草地、沙地、盐碱地和高原荒漠等生态环境。此外，还存在其他类型的空间，如交通和水利设施空间、特殊用地空间等。划分"三区"的主要目的是明确各类地域的主导功能，从而优化国土空间的开发与保护格局。需要指出的是，"三区"虽与"三生"空间(即生产、生活、生态空间)相关，但二者并非同一概念，后者更强调功能上的综合与交叉。在全国和省级的规划中，虽可以确定"三区"的规模和主要功能指标，但通常不具体到分区边界。这些分区更多是通过城市群、农业生产区、森林保护区等宏观标识来表达其分布。而在市县级别的规划中，除了规模和功能指标的确定之外，通常还需要明确划定具体的分区范围。通过这种分区和功能指定，国土空间规划旨在更有效地管理和保护土地资源，确保生态安全，促进可持续发展。通过对"三区三线"政策的持续优化和实施，可以期待我国在城乡建设和自然保护方面迈向更加和谐与高效的未来。

"三线"是从保障生态安全、粮食安全和可持续发展出发，划定的生态环境底线和资源开发上限。具体而言，这"三线"包括生态保护红线、永久基本农田和城镇开发边界，它们各自在国土空间管理中扮演着关键的角色。生态保护红线是为了划定那些具有至关重要的生态功能的区域，必须予以严格保护。这些区域包括关键的水源涵养地、生物多样性的维护区、水土保持和防风固沙的关键地带以及海岸线的生态稳定区。此外，那些生态环境敏感且易受损的地区如水土流失区、土地沙化地、石漠化及盐渍化地区也被纳入此红线保护之中。永久基本农田主要指那些位于农业空间内，根据人口和经济发展的需求，长期以来被视为不可侵占的耕地。这些耕地的划定和保护，是确保国家粮食安全和持续的农业发展的基础。城镇开发边界则定义了城镇可建设和非建设区域的界线。这一界线的划定基于城镇发展的需求与潜力的综合分析，旨在合理控制城镇扩张，保持城乡发展的均衡。

为确保"三线"的科学划定，必须依托统一的土地利用现状数据，结合资源环境承载能力评估及国土空间适宜性评价。这一过程需要自上而下的规划方法，同时结合地方具体情况进行上下结合的调整。在全国和省级的规划中，不仅要明确本级规划的目标，还需要为下级规划提供指导，解决跨行政区域的划定问题，并为重大基础设施项目留出必要的空间。在市县级以下，规划应逐级细化，确定每一条控制线的具体布局，确保"三线"的界定清晰并有效执行。在实际操作中，"三线"的落地可能会遇到种种矛盾，如各种用地需求之间的冲突。

需要注意的是，国土空间规划的任务并不止于"三区"的划分和"三线"的确定，更深层次的目标是在此基础上打造高品质的国土空间。这包括建设符合安全、便利、舒适、美观和集约要求的城镇空间；根据现代农业生产和农民生活方式的需求，创建绿色可持续的乡村空间；完善生态屏障、生态隔离带和生态廊道等构成的生态网络，恢复和保护清新秀丽的自然景观。

（二）规范化与特色化

在国土空间规划领域，规范化与特色化的结合是一门艺术，也是实现空间治理科学化的必由之路。规范化确保了规划的系统性和权威性，而特色化则赋予规划以生命力和实效性。这两者的有机融合，不仅是规划理念的升华，更是实际操作中的关键所在。一方面，国土空间规划的规范化是其基础。作为政府的法定职责，规划的编制和管理必须依托严格的程序、制度和标准。规范化的实践包括统一的价值取向、基础资料、规划标准和编制程序，以及信息平台和管理机构的统一。这种统一性不仅确保了规划的公正性和透明性，而且通过明确的法规、规程和标准，强化了规划的执行力和权威性。例如，在规划的制定过程中，必须统一考量社会经济发展需求和环境保护要求，以确保决策的科学性和前瞻性。另一方面，国土空间规划的特色化是其灵魂。在处理各地不同的空间资源时，规划需要展现出其个性化和多样化的特点。这种特色化不仅体现在尊重地域文化和自然特征上，也体现在对当地经济社会发展特色的深入理解和支持上。通过特色化的规划，可以更好地激发地方潜力，促进区域均衡发展，同时也能更有效地解决地方性问题。

在市场经济条件下，国土空间规划不仅是空间资源分配和用途管制的手段，更是国家和地方利益的协调平台。规范化的推进有助于约束政府行为，保证公权力的适度行使，确保规划决策的公平和正义。这包括扩大公众参与，提高决策的透明度，以及规范行政程序，从而提升政府的公信力和效率。此外，规划既是一种政府行为，也是一种社会实践。它既要求管理的规范化，也要求对解决具体问题的特色化应对。在空间治理中，规划需要因地制宜、因时制宜，为各种空间问题提供合适的解决方案。作为一种创造性的活动，规划还需要不拘一格，充分展现地方的个性和特色，使其不仅满足功能需求，更具吸引力和竞争力。

国土空间规划的特色化发展，是实现区域和谐发展与高质量发展的关键。当前，国土空间规划的特色化需要从以下四个维度进行深入推进：

（1）整合并优化规划体系是基础。众所周知，国家已经对发展规划、专项规划、区域规划和空间规划的功能进行了明确的划分，然而在实际操作中，各类规划之间往往存在边界模糊、内容重叠、管理交叉等问题。因此，推动规划的规范化与制度化建设，明确各类规划的分工与职责，对于形成有特色的国土空间规划体系至关重要。通过深化规划实践的探索和加快制度创新，可以有效避免规划的同质化，提升规划工作的针对性和实效性。

（2）明确各级规划的具体要求，避免规划内容的泛泛而谈。目前，国土空间规划已形成"五级三类"的框架体系，但各级规划的目标、主要内容及成果要求尚未完全明晰，这导致上下级规划内容雷同，甚至存在目标冲突的现象。因此，应利用"多规合一"的机遇，结合实际，明确不同级别规划的分工逻辑和作用边界，使得高层级的规划具有战略引领性和宏观管控性，而低层级的规划则更注重细节的落实和具体区域的控制，从而实现各级规划之间的有效衔接和互补。

（3）注重城市个性化发展，改变千城一面的局面。多年来，许多城市在规划建设过程中忽略了自身的发展基础和文化特色，盲目模仿他地，这种做法不仅削弱了城市的个性，也影响了城市的可持续发展。为此，需要在空间规划编制实施中，深入挖掘每座城市的历史脉络、文化特征和地域优势，打造具有识别度的城市景观和肌理，从而塑造出独特的城市符号和鲜明的城市特色，促进城市的精神面貌和生活质量的提升。

（4）提升乡村规划的实用性和特色性，推动乡村振兴战略的深入实施。当前，不少乡村规划仍然存在形式主义、内容空洞等问题，迫切需要转变观念，摒弃简单模仿城市规划的做法，编制真正贴近农村实际、能解决具体问题的实用规划。同时，应充分利用地域的自然条件和文化资源，制定富有地域特色的乡村规划，既体现出乡愁记忆，又符合现代文明的要求，从而更好地服务于乡村振兴战略。

通过上述四个方面的努力，可以有效推动国土空间规划的特色化发展，实现区域发展的多样性和个性化，促进社会经济的全面协调发展。这不仅是对传统规划理念的一种超越，也是对现代规划实践能力的一种考验。

（三）政策创新与技术创新

在市场经济条件下，空间规划已经成为一种综合性的决策活动，它不仅涉及技术性的判断，更包括政策性的导向。随着时间的推移，中国的空间规划在政策创新和技术创新方面取得了显著的进展，极大地提升了国土空间治理的水平和能力。

1.政策创新的深化

政策创新始终是推动国土空间治理现代化的核心。随着城镇化的快速发展和土地使用需求的日益增加，中国政府推行了一系列创新政策以应对土地供需的矛盾，如"城乡建设用地增减挂钩""工矿废弃地复垦利用"等政策。这些政策不仅优化了土地的节约集约使用，还有效释放了发展空间，改善了空间结构。此外，主体功能区制度作为生态文明建设的重要内容，通过财政、投资、人口、产业和环境的配套措施，促进了政策的有效实施和生态补偿的制度创新。

在政策创新方面，还需关注几个关键领域：①统一自然资源资产管理体制，明确全民所有自然资源资产管理的权责关系，加速自然资源资产权利体系的建设；②加强国土空间用途管制制度，提高空间规划的执行力和监管力；③促进生态保护与修复的一体化，加快建立源头保护和全过程修复治理的机制，探索建立多元化的生态补偿制度。

2.技术创新的加速

在技术创新方面，中国空间规划已经取得了重要进展。特别是自2014年起实施的"多规合一"试点项目，推动了空间规划理论和技术方法的革新。大数据技术的应用已成为城市规划的常用工具，空间句法、城市网络分析、数据增强设计等新兴方法被广泛应用于城市规划中，显著提升了规划的科学性和精确性。

未来，技术创新的方向应包括：①综合应用大数据、云计算和人工智能技术，提升数据处理的自动化和智能化水平，实现空间规划的智慧化；②通过构建空间规划基础信息和管理信息的平台，实现规划信息的全面共享和高效利用；③利用低空无人机倾斜摄影技术，加强城市精细化管理和生态保护修复的能力。

政策创新与技术创新将是推动国土空间规划向更高水平发展的两大驱动力。随着政策和技术的不断完善，空间规划将更加强调公平性、包容性和可持续性，更好地服务于社会经济发展的总体需求。在这一过程中，不仅需要政策制定者的深入洞察和科技人员的创新努力，也需要公众的广泛参与和支持。

(四) 规划编制与规划实施

规划实施不佳是一个世界性问题，但规划实施不佳却不能单纯归咎于规划实施本身，把规划编制和规划实施作为一个整体，才能全面、客观地找到根源所在。著名的城市规划学家弗里德曼曾指出，要从根本上解决规划实施的困境，必须在规划的初步阶段就综合考虑实施的具体任务。这意味着，规划实施不应仅被视为规划过程的"后期"或"次阶段"，而是规划编制的一部分。基于这一理念，弗里德曼提出了"以行动为中心"的规划模式，以此替代传统的"以设计为中心"的模式。这种新的规划模式在20世纪80年代得到了进一步的发展，众多学者提出了"沟通规划理论"，从而巩固了"以行动为中心"的规划理念。

"以行动为中心"的规划观强调将规划编制与规划实施融为一体。这种观念认为，在规划编制的起始阶段，就必须将实施的具体措施纳入考虑，以保证规划的针对性和可执行性。到了规划实施阶段，再通过严格执行并加强监管与评估，确保规划目标的实现，必须全面推进科学规划、民主规划、依法规划。

1. 推进科学规划

推动科学规划的发展，是确保规划有效性的基础。科学规划的核心目的是实现多种空间需求的合理分配，将不同的空间用途、规模与位置有效对接。这一过程不仅关乎规划的具体方法和模式，更是一种规划理念的体现。通过观察中国的规划事业历史，我们可以发现，在计划经济时期，规划的制定与执行之间很少出现断层。这并非意味着当时的规划都符合科学原则，而是因为在政府的指令性计划体系下，即便是不够科学的规划也能被执行。然而，随着市场经济改革的深入推进，市场参与者的多样性和价值观的多元化以及社会行为模式的变化，规划是否能够经受市场的检验，不再单纯依赖于政府的意志和规划师的意图。

在市场经济条件下，国土空间规划必须遵循自然和市场的双重规律，加强科学的论证和理性的决策过程。这意味着需要更新规划理念和方法，如传统的固定式"蓝图"规划模式已不适应新的市场环境，它需要被更加灵活和有弹性的规划方法所取代。此外，以往主导的"开发型"规划需要与"控制型"规划相结合，以达到更合理的空间开发和保护平衡。

2. 推进民主规划

民主规划不仅体现在方案决策的民主性上，更深入地表现在全过程的公众参与中。从全球视角看，传统的"以设计为中心"的规划阶段，主要由专业规划师和政府官员主导，公众的参与程度相对较低。然而，在转向"以行动为中心"的规划时期，规划已经演变为一个涉及政府、规划师、开发商及公众等多方的利益协调与博弈过程，公众的参与日益增强，成为规划过程的核心力量。此外，国土空间规划作为一种维护社会公共利益的重要手段，虽然已经获得法律上的认可，但其与私人财产权的保护之间不免产生冲突。为防止公权过度干预私权，也必须进一步拓宽公众的参与渠道。

我国的国情与西方存在差异，不能完全照搬西方的公众参与模式，但随着市场化改革的不断深入，公众在规划过程中的参与也日益显得重要。我们需要坚持开放的规划态度，完善公众参与的机制，增强规划的公开性和透明度，汇集各方智慧，凝聚广泛共识，努力通过民主规划，推动规划向科学化和法治化方向发展。

3. 推进依法规划

依法规划是实现规划目标的基本保障。国土空间规划涉及国家、地区、企业与个人的利益调整，法治手段是国际上普遍采用的规划编制与实施方式。在中国，一方面，完善空间治理体系、健全空间用途管制、建立生态补偿机制、加强规划的执法监管及实施责任追究制度都迫切需要法治的支撑；另一方面，对政府规划权力的约束、对权利人合法权益的保护同样需要通过严格的立法来规范。

第二节 国土空间规划中的承载力分析

一、承载力概念演化

（一）承载力

承载力这一概念最初起源于美国，最早用以描述容器的容纳能力，即一个容器可以容纳或吸收的物体数量。例如，在 19 世纪 40 年代德克萨斯的法案中，此概念用于指船舶的装载能力。随着时间的推移，承载力的概念逐渐扩展应用到多个领域。到了 19 世纪末至 20 世纪初，承载力的含义已经被广泛应用于动物管理，特别是驯养的草食性动物及野生草食性动物的研究中。这一时期，承载力的定义进一步被引入生物学和生态学的领域，用来描述在不损害环境质量的前提下，一个特定区域所能支撑的特定生物种群的最大存活数量。随着研究的深入，生态承载力的概念被进一步扩展，不仅关注资源的消耗，还包括环境的变化及人类经济社会活动对生态系统的影响。生态系统由于具有自我调节的功能，加之人类活动对其产生的正负双重影响，生态承载力的研究变得更加复杂。

近年来，尽管在理论和方法上没有出现根本性的突破，承载力的研究却引入了生态足迹、行星边界等新的概念。全球的学者们开始从不同的角度探讨全球以及区域承载力的问题，并纳入公平与正义、生活水平等因素，考虑它们对全球资源环境承载力和可持续发展的影响。这些研究涵盖了西班牙、加拿大等国家和地区的具体案例，为高消费社会与稳态经济下地球系统的稳定性管理提供了理论与实践参考。

总体来看，承载力研究在其发展过程中呈现由具体到综合的转变，从最初关注单一资源的限制性约束，逐渐发展到对人类、对资源环境占用的全面评估。资源环境承载力作为一种综合性和集成性的评估，体现了从单一到综合的演变过程，不仅关注资源或环境要素的限制性约束，同时也强调了人类活动对区域资源的利用、生态退化与破坏，以及环境损益与污染的综合影响。

(二) 资源环境承载力

资源环境承载力一般指在自然生态环境不受危害且维系良好生态系统的前提下，一定地域的资源禀赋和环境容量所能承载的最大人口与经济规模。回顾历史，早在 20 世纪 50 年代，学者们已经开始重视自然资源对人口及生物群落的支持力。然而，到了 20 世纪 60 年代，研究视角逐渐拓宽，不仅考虑资源的支持作用，也关注环境系统对人类经济社会行为的限制性影响。进入 20 世纪 90 年代以后，承载力的研究更趋向于综合与集成，一方面持续关注各种限制性因素对人口增长和经济社会可持续发展的影响，另一方面着重研究人类活动对资源消耗、环境污染及生态占用等方面对生态系统稳定性的影响。在我国，资源环境承载力的研究和应用受到了政府及社会各界的高度重视。随着生态文明建设的不断推进，资源环境承载力被明确为国土空间开发利用的基础性和约束性因素。

国土空间规划的编制和实施，不仅是为了建设美丽中国，创造优良的生产生活环境，维护全球生态安全，也是现代化强国建设的重要基础和标志。这一过程需要在尊重自然、经济与社会规律的基础上，综合考量区域资源环境的基本状况和发展需求，合理设定国土空间开发的规模、强度和时间顺序。资源环境承载力不仅是一个涉及区域资源环境与人口、经济承载极限的科学问题，也是影响空间治理和空间规划科学性的基本考量。近年来，城市规划、土地利用规划、市县级"多规合一"试点、省级空间规划试点等活动中，资源环境承载力评价均被视为一项基础性工作。在耕地保护总量、用水总量设定，以及重大建设项目选址等方面，这一评价都发挥了重要作用。尽管如此，承载力理论在实际应用中仍面临一些挑战。目前，该理论在概念界定上存在不一致性，在运行机制的明确性上也有所欠缺。在实际操作中，虽然大多数地方的承载力评价工作为战略性规划提供了引导，但在优化资源配置、设定生态环境准入标准、调整国土空间开发结构及实施国土空间管控等方面的支撑作用还不足。面对日益复杂的生态环境和经济发展需求，我们需要不断深化对这一领域的理解和探索，以科学的态度和方法，推动资源环境承载力评价向更精细化、系统化方向发展。

二、承载力支撑国土空间规划的应用建议

在未来的发展中，随着区域开放性增强、资源环境要素流动性加大、生态系统受到邻近干扰的程度提高、人类对自然的主动改造行为增多以及经济社会与资源环境之间关系的复杂性与动态变化性不断增强，资源环境承载力的评价将变得更为复杂。为此，我们需要适应并完善国土空间规划体系的改革需求，摒弃单纯侧重指标计算而忽视研究机制的老旧做法，更加注重探究承载力的内在运作机制，深入理解指标体系对承载力表征的作用，同时创新和完善承载力评价的技术体系，以提升评价结果的科学性和实用性，满足新

时期国土空间治理的需求。

（一）构建承载力评价技术体系

1. 明确承载力评价的应用导向

针对国土空间规划的编制与实施的具体需求，我国应该从以下两个方面着手：一方面，应继续开展针对土地、水资源、水环境、生态及灾害等单一要素的评价，了解资源环境的当前承载状态及其潜力。这一过程将为总量控制的目标指标设定与细化提供科学依据，并促使资源开发利用方式的转型，直接指导土地、水、能源、矿产资源的节约使用，以及环境污染排放的标准与准入门槛的制定与调整。同时，通过比较分析各区域在发展中的短板，采用"底线思维"来揭示区域发展的劣势和制约因素，为国土空间的分类保护制定数量底线、排污上限和空间用途的红线，进一步为空间用途的管控提供依据。

另一方面，应加强资源环境综合承载力的研究，综合评估哪些区域适合经济社会发展、何种开发类型最为适宜、开发的程度应当达到何种水平，以资源环境综合承载力为基础，明确划分地域功能，设定功能分区，并确定各功能分区的空间准入类型与标准，实现承载力评价从单一的评估向目标规划、空间分析和决策支持的综合发展转变。

2. 建立多尺度、多单元的评价体系

在国土空间规划体系中，建立一个多尺度、多单元的评价体系，可以响应不同层级对于资源与环境承载力的评价需求。在宏观尺度上，国家级和省级规划着重于明确人口规模和城乡建设规模，这些规模的设定需与资源和环境的承载力保持一致。这种宏观调控帮助我们为约束性的总量控制目标提供决策基础，确保全局性的战略布局符合可持续发展的要求。在中观尺度上，市县级的国土空间规划则更侧重于细化不同地区的主要功能。这一层级的规划划分了城镇区域、农业区域及生态保护区，通过设定"三区三线"——即城镇、农业、生态空间和生态保护红线、永久基本农田保护红线以及城镇开发边界，明确了开发与保护的具体格局，从而引导合理的空间使用和土地管理。在微观尺度上，乡镇的国土空间规划及其详细规划关注点在于土地利用类型和开发强度的具体确定。这包括对每块土地的开发建设适宜性进行细致评估，以指导具体的开发建设活动，确保地方发展的精细化管理。

在这一多层次的评价体系中，承载力的评价标准根据不同目的而异。例如，宏观尺度的承载力评价可能需要将整个区域视为一个封闭系统，以整体区域为评价单元来考量土地对食物生产的支撑能力。而在支撑经济社会发展潜力的评价中，则可能将区县作为评价单元，更具体地分析各地的开发适宜性。对于直接关联到农业和人居环境的开发建设活动，承载力评价则需要采用更细的格网尺度，以准确衡量土地的当前状况及其发展潜力。

这种分层次、分类的评价体系不仅符合空间规划的层次性和系统性要求，而且能够适应不同评价目的的需要，从而更有针对性地制定和调整规划策略。然而，由于受到理论和方法的局限、技术手段的制约及数据的可得性，这些评价结果并不能完全真实反映地区的实际状况。因此，在将承载力评价结果应用于空间规划时，我们不能简单机械地依据这些结果做决策，而应结合实际情况，将评价结果作为一种约束性、参考性或强制性的依据，灵活运用于空间的综合决策中，以确保规划的科学性和实用性。

（二）适应国土空间规划编制新要求

在新时代的背景下，中国正面临传统生产、生活及发展方式的转型需求。作为全球生态文明建设的引领者，我国不断推动生态文明建设向更高水平迈进。在这一过程中，国土空间规划作为一项重要的国家战略，需要适应这些新的变革和要求，促进和引领生产、生活方式的根本转变，形成绿色且高质量的发展模式。相应地，承载力评价——国土空间规划编制的核心支撑——也必须主动适应这些变革。

1.支撑国土空间规划新目标

国土空间规划的新目标在于构建一个高质量的发展环境、高品质的生活空间和低扰动的生态系统。在这一目标指导下，承载力评价的核心任务是衡量经济社会发展需求与资源环境基础之间的关系，推动资源利用方式和社会经济发展模式的根本转变。这种转变体现在从传统的资源粗放利用向高效率、高质量的绿色发展模式过渡。

在实践中，承载力评价的方法和指标体系应当根据新的发展要求进行调整。传统的承载力评价多聚焦于解决基本生活需求，如食物安全供给。然而，在新的评价模式中，不应仅仅停留在解决温饱问题上，而应更多考虑到人民群众膳食结构的优化、土壤污染对农产品质量的影响等因素，以确保提供安全、优质的农产品。这种评价模式的转变，是对传统评价方法的一种超越和发展。此外，新的承载力评价体系应该包括结构性指标、绩效性指标和绿色环保类指标等，全面反映在高质量绿色发展模式下的经济社会结构变革、动力变革及效率提升。这样的指标体系不仅能更好地反映当前的发展需求，还能促进国土空间规划目标的实现，支撑未来可持续发展的战略布局。通过这种新的承载力评价方法和指标体系的建立，国土空间规划将能更有效地促进生态文明建设的深入发展，引导国土资源的合理利用和保护，最终实现社会经济与环境的和谐发展。这一切都标志着我们国家在全球生态文明建设中的领导角色将更加坚实和前瞻，以推动生态文明建设实现新的跃进。

2. 契合国土空间治理新模式

未来，随着国土空间规划进入存量时代，空间开发将由过去的大规模外延扩张转向更注重内部潜力的挖掘与提升。同时，空间治理模式也将经历由传统的"自上而下"的层层下达指标，向"上下结合"的模式转变。这不仅要求空间治理从逐级控制的指令性、计划性管理，转向更加重视地方政府在管理中的主动性，也意味着空间规划需要通过层级化、系统化的规划体系来落实国家重大发展战略，加强对资源消耗总量和环境排放总量的控制。在这种转型中，承载力评价作为国土空间治理的核心部分，必须适应体系化的治理要求，进行分级分类评价，以保证控制性指标的有效约束传递和地域功能的层级传导。这种评价机制不仅要引导微观的国土空间管制和土地利用，也要落实宏观的战略部署。承载力评价还需要适应规划进入存量时代的趋势，满足空间治理地方化、精细化的需求。这意味着各地区在坚持高质量绿色发展的基础上，可以根据当地的自然和人文特点，制定具有地方特色的空间规划，构建符合区域特色的承载力评价指标体系，并充分考虑城市更新改造、容积率提升等因素对城市建设用地承载力的影响。

3. 顺应国土空间治理新手段

随着我们进入智慧社会，空间信息技术的发展为空间规划的变革带来了前所未有的机遇。空间规划正从传统的蓝图规划向过程规划转变，从静态目标规划向动态控制规划发展。在这一过程中，承载力评价也需从静态评价向动态评价转变。这包括关注科技进步对资源利用、环境治理以及产业发展和空间开发格局的影响，特别是科技进步在承载力评价中所带来的"门槛效应"。例如，节水农业技术的发展可以显著提升现有水资源的承载能力。

新的技术手段，如空间信息技术，也为实施资源环境承载力的动态监测和预警提供了可能。这种技术的应用，可以使空间规划和治理过程中的监测和预警成为区域功能定位和经济社会发展模式调整优化的重要依据。这不仅有助于实现空间规划的动态监测和实施化，也推动了空间治理的过程化，使空间规划和治理更加科学、精准和高效。

第三节　国土空间规划体系下用地协调机制

国土空间规划体系的建立，象征着以往"多规合一"的模式已经成为历史。这一体系在新时代被"五级三类四体系"的新框架所取代。其中，"五级"代表不同的规划层级，"三类"涵盖了规划的多种类型，"四体系"则指向规划的完整结构。这种新的体系结构一旦确立，便立刻成为指导国土建设与保护活动的根本准则，并在我国空间规划的发展历程中扮演了划时代的角色。国土空间规划不仅是国土开发与保护的总体部署工具，也是协调各种空间类规划的核心。它明确了国土资源的管理模式，并反映了国家治理体系现代化建设的进步。因此，如何实现土地管理的统一构想，解决因不同空间规划而导致的用地规划不协调等问题，成为国土空间规划工作的关键挑战，同时也是实施土地规划的基本前提。

一、当前各类空间规划在"用地"环节协调的现状

（一）现行各空间类规划用地特征

国土空间规划在我的实施涉及多个部门的空间类规划，各有其独特的用地特征和分类方法。目前，主要的空间类规划包括土地利用规划体系、城乡规划体系、地理国情普查体系、林业部门规划体系及海洋部门规划体系五大类。

土地利用规划体系主要侧重于分析土地的现状与用途，其分类体系不仅涵盖土地的权属问题，还特别强调农用地的保护，从而综合体现了土地的自然属性及社会经济价值。城乡规划体系通过区域划分的方法，确立了不同地块的用途分类标准，这种分类方法更侧重于评估土地的社会经济价值，并对建设性用地进行了细致的分类管理。地理国情普查体系、林业部门规划体系和海洋部门规划体系则各依托自身的专业领域，对土地进行了专门的分类。这些分类体系根据不同领域的具体需求，制定了相应的用地分类标准，从而在保护和利用国土资源方面发挥了各自的作用。

在国土空间规划的大框架下，各类用地的有效协调显得尤为重要。随着国家对土地资源管理的要求不断提高，如何在各种规划体系中实现用地的高效协调，确保各类用地需求得到合理满足，成为推动国土空间规划向前发展的关键任务。这不仅需要政策的引导，还需要通过科学的规划和管理，优化土地资源的配置和利用。

(二) 国土空间规划体系下对各类用地协调整合的原则与路径

在当前的国土空间规划体系下，各类用地的协调整合是实现区域可持续发展的关键。由于不同部门在空间规划制定时观念和内容上的差异，单一规划可能看似合理，但多个规划交叉施行时便容易引发矛盾。这些矛盾主要表现在用地分类体系、规模和布局等方面，不仅影响了区域发展的协调性，也妨碍了统筹规划的有效执行。因此，构建一个协调一致的国土空间规划体系，优化用地资源的配置和利用，显得尤为重要。

1. 构建统一的国土空间规划基础数据平台

要实现国土空间规划的有效协调，必须打破由不同部门制定的空间规划之间的隔阂。而建立统一的国土空间规划基础数据平台是解决这一问题的基础。通过这样的平台，可以实现规划信息的互通共享，确保所有参与方在同一数据环境下做出决策。此外，共建一个规划话语体系，有助于解决不同规划在用地属性、规模和界定等方面的冲突，从而实现用地规划的共建共享，有效调控土地资源。

2. 构建完善的国土空间规划用地指标体系

各类空间规划的用地控制指标往往根据各自的发展阶段和背景而设定，

因此各具特色但又缺乏统一性。在国土空间规划体系中，寻求一个最大公约数，打破不同规划之间的界限，是非常必要的。通过建立科学合理的用地指标体系，可以更好地协调城乡的用地布局，加强对用地规模的管控。这不仅有助于优化资源配置，还能为地区发展提供更为坚实的基础。

3.提升国土空间规划的土地有效供给

在空间规划的编制过程中，难免会出现部分重复的情况。通过用地规划的协调，可以有效整合用地指标和空间管控，形成统一的图谱。这样，各类空间规划就能真正融入国土空间规划体系中，规避不同用地规划间可能出现的矛盾。这种整合不仅可以提升土地的有效供给，还能优化土地的使用效率，促进区域内的经济社会发展和生态平衡。

二、国土空间规划体系下用地规划协调机制

建立国土空间规划体系下用地规划协调机制，前提环节是协调各方用地价值体系，基础环节是重构统一的用地分类标准，关键环节是用地规模指标的制定与传递落实，根本环节是用地管控的协调与反馈调节。

(一)用地价值体系协调机制

要统一不同利益方对用地价值的理解，确保在用地规划过程中各方能够协同作业，这需要尊重并整合各方的原始价值需求。为此，应建立明确的价值导向，作为实施用地协调的基础。在纵向上，应从中央到省级政府层面统一用地价值观念，以市级政府为中心进行用地规划和管控，确保地方政府能够顺利贯彻市级政府的方针。在横向上，通过研判和谐谋求不同利益方的最大公约数，遵循三个原则："保底线"，即考虑到开发与保护的基本界限，明确保护性质的生态和文化空间；"划边界"，即明确划分不同利益群体的空间界限，遵循"三生"空间的战略布局，完善国土用途管制制度；"谋支撑"，即强化区域设施体系，确保区域的安全与发展，支持民生事业的持续进步。

(二)用地分类协调机制

用地规划协调机制的核心是建立一套统一且完善的国土空间分类标准。这一标准基于国土空间规划的总体要求，即开发与保护相结合的格局，并参

照"山水林田湖草海"的保护要素。这样的设计旨在构建一个整体统一，海陆并进，城乡一体化的国土空间开发保护体系。此外，该机制还建立在现有的各种用地分类规范之上，并吸纳了林业、农业、交通、海洋等相关部门的标准和规范。通过采纳"保底线"的用地价值协调原则，该机制将用地分为开发用地、限制开发用地和保护用地三类，并在此基础上引入区域设施用地，形成四大类。这四类用地都将根据"划边界"的原则进行更细致的分级，进而细分为三级，从而纳入不同的空间体系中，形成一个既具有可操作性又适合国土空间开发的统一标准。

1. 开发用地

开发用地类别首要关注土地利用的优化配置。通常，这一分类沿袭城乡规划用地体系，特别是城市建设用地的分类方法，将城市和乡村的建设用地纳入同一考量框架内，打破城乡间的传统界限。具体来说，第一类包括与居民生产生活密切相关的连片用地，如城乡住宅、商业服务设施、公共服务设施、公用设施、道路及其他建设用地；第二类则将二产及以上产业的用地视为开发类用地，如工业用地、物流仓储和采矿用地，这些用地从城乡建设用地中独立出来；第三类城乡绿地及广场用地也划分为开发用地，既保障了城乡开发用地的环境品质，也为城市发展提供了备用地。

2. 限制开发用地

限制开发用地的分类主要依据国土资源、城乡规划、林业及海洋部门的用地分类规范。这类用地既具备开发的属性也融合了保护的特征，主要包括农林生产用地、生产水域和生产海域三大类。农林生产用地分类继承了国土资源部门的农用地类别，主要以一类产业的生产用地为主，将具有生产性的林地和草地纳入其中，强调了这些用地的生产性特征。此外，进一步将海域和水域细分为生产水域和生产海域，协调了原有的水库用地在建设性与非建设性定义上的不一致，统一将水库水面和坑塘沟渠划分为生产水域，而将交通运输用海和旅游娱乐用海、特殊用海等归类为生产海域。

3. 保护用地

保护用地从自然资源保护的角度进行分类，包括海域、水域、林地、草地和未利用地等。特别是海域，主要指定为保护性海域，这类用地通常不参与生产活动，而是保持其生态原貌。水域保护则涵盖了河流、湖泊、滩涂、沼泽及冰川积雪区域，这些区域被明确排除了对生产活动的支持，如水库和坑塘沟渠等。此外，林地和草地在此分类中仅将那些具有明确的生态保护和特殊用途的区域纳入保护。而未利用地则指那些因技术限制或经济效益较低而暂时无法被开发利用的土地。

保护用地还包括防灾生产保护用地，这类用地是为了保障人们的生产生活安全而设定，包括但不限于饮用水源保护区、河流水体控制区、地质灾害密集区及其他需要特别控制的保护区域。这些区域的设定旨在预防自然灾害的影响，确保土地资源的安全可持续使用。

4. 区域设施用地

从人为干扰控制的角度出发，专项保护用地被设定为限制人类活动影响的区域。这类用地包括风景名胜区、自然类世界遗产地、文物古迹保护区及其他特定的保护区域。通过对这些地区进行严格管理和保护，既维护了自然与文化遗产的完整性，也为未来的可持续发展奠定了基础。

区域设施用地则是一个独特的分类，它既支持开发又强调保护，而且不属于限制开发用地的范畴。这类用地通常独立于其他三大类用地之外，作为一种辅助性质的用地存在。它的分类继承并发展了国土部门与城乡规划部门的标准，特别强调区域性的特征。在具体的分区过程中，与开发用地中的公用设施和基础设施相区分，更注重其对区域开发和保护的双重作用。

（三）用地规模的协调机制

在国土空间规划领域，用地规模的协调至关重要，这直接关系到城市建设与土地利用的可持续发展。住建部早已强调，城市总体规划与土地利用规划在城市建设用地规模上必须保持高度一致。然而，在实际操作过程中，不同类型的空间规划由于需求各异，往往在用地规模上难以实现有效对接，这就导致了规划之间的冲突和重叠现象。为了优化国土空间规划体系，整合用地规模，我们可以从综合协调和方法协调两个方面着手进行改进。

1. 综合协调

在综合协调方面，国土空间规划需要摒弃孤立无援的用地指标体系，应当以国土保护与开发的策略为导向，通过对国土自然环境和社会经济发展状况的全面研究，为用地指标规模提供科学依据。在国土自然环境的研究中，可以采用"双评价"方法，这不仅能够客观反映当前资源环境的开发条件，同时还能评估未来的发展潜能。通过实施"三区三线"政策，明确哪些地区适合开发，哪些地区应限制开发，哪些地区需要得到保护。在社会经济方面，应重点考虑经济规模、人口结构和社会文化等因素，这些都是制定开发、限制开发以及保护区域和区域设施用地的宏观依据。

2. 方法协调

在方法协调方面，国土空间规划的核心战略应当是"开发与保护并重"。城乡规划通常依据预测的人口规模和城镇化水平，结合人均建设用地指标进行用地规模的推算，这种方法偏重于需求侧，却往往忽略了土地资源的有限性。相对而言，土地利用总体规划更多地从土地的供给侧出发，但在指标制定过程中往往缺乏足够的研究支持。因此，为了在用地规模预测中实现这两种方法的有效协调，必须从宏观层面上进行分析，综合考虑土地供给与需求两个方面，从而优化空间格局和资源配置，合理预测未来的用地需求。

通过上述的综合协调和方法协调，国土空间规划将能更加科学合理地规划用地规模，从而有效避免规划之间的矛盾和资源的浪费。这不仅符合国家关于高质量发展的战略要求，也为实现可持续发展目标奠定了坚实基础。在未来的规划实践中，这种科学的协调机制将极大地促进土地资源的合理利用和区域发展的和谐稳定。

(四) 用地管控协调机制

在国土空间规划的框架下，用地管控协调机制发挥着至关重要的作用。这种机制不仅打破了以往空间规划在管理上的分散与自由主义，还为用地管控的系统化和规范化提供了坚实的制度基础。以下是实现有效用地管控的几个关键策略。

1. 构建用地管控数据平台

通过构建一个统一的信息数据库，我们能够对各种空间体系的用地进行全面梳理，消除存在的重合和矛盾，明确统一的用地信息标准。这样的数据平台将为用地规划的编制、传递和执行等各个环节提供必要的技术支持。它还能实现各类空间规划在一个统一的国土空间体系中的用地信息管控的互联互通，有效提升用地管控的效率，避免潜在的冲突和矛盾。

2. 纵向落实用地管控

用地管控协调机制需要明确中央与地方政府在用地规划和管控中的责权关系，加强不同层级政府间的沟通和协调机制。在这一过程中，用地的价值取向应由中央和省级政府层面确定，而用地分类体系则应在市县级政府层面进行统一规划，并具体落实到地方政府的实施中。国土空间规划的总体指标由省级及以上政府制定，通过总量控制并向下分解，确保市、县、乡级政府能够依据上级规划的指导严格执行，同时地方政府可以向上级反馈用地指标的实施情况，以便上级政府进行调整和优化。

3. 横向协调用地管控

在国土空间规划体系的指导下，自然资源部应统一行使用地规划权力，整合各部门的用地空间管控职能，从而提升用地治理的整体效率。在用地规划的编制过程中，建议构建一个多方共建的平台，该平台应保持高度透明，使政府部门、社会公众及第三方组织能共同参与用地规划的责任中来。例如，可以借鉴国外的区划法制度，根据用地保护与开发的价值取向，制定和公布相关的土地使用法律和规章，以接受社会的广泛监督。

4. 反馈循环调节管控

反馈循环调节机制在用地规划的全过程中发挥着核心作用。这一机制改变了以往的单向传导过程，允许在用地价值、分类和规模指标的传递过程中，由下级部门提出修正和反馈。这种做法增强了规划传递的科学性和适应性。在用地规划落实后，应进行闭环评估和反馈，鼓励公众参与并接受第三方的监督。最终，将这些反馈结果作为上位规划或政府在修订计划和调整指标时的重要依据，从而完成反馈循环调节，确保用地规划的持续优化和适应性调整。

第二章　国土空间规划实施管理

第一节　国土空间规划实施的全域管理

一、既有空间规划的管理范围

在自然资源部组建之前，国土、规划、环保、林业等部门均主导制定了相关用地分类标准，而主体功能区规划、土地利用总体规划、城乡规划、生态环境规划、海洋功能区划等既有空间规划也是《中共中央国务院关于建立国土空间规划体系并监督实施的若干意见》发布前我国最主要的空间规划类型，这些规划构建了不同的分区分类体系。然而，既有的分区分类体系和规划范围多从部门管理职能出发，各有侧重，并没有达到相同精度与深度，也没有实现可供同精度和同尺度实施管理的全域覆盖。

(一) 主体功能区规划

主体功能区规划是根据不同区域的资源环境承载能力、现有开发强度和发展潜力，统筹谋划未来人口分布、经济布局、国土利用和城镇化格局，将国土空间划分为优化开发、重点开发、限制开发和禁止开发四类。机构改革后，将主体功能分区调整为城市化发展区、农产品主产区和重点生态功能区。

主体功能区规划是从区域角度，统筹考虑特定区域的国土空间要素禀赋及经济社会情况，确定其核心功能，据此指导特定区域发展。主体功能区规划具有宏观性的特征，以县域为基本空间单元。主体功能区规划虽然涵盖了整个县域，但在一定程度上忽视了县域内部的差异性，仅将整个县域定位为某一类主体功能区，只是对整个县域发展的政策引导，缺乏更具体的空间管控手段，难以成为对具体保护、开发、建设行为的空间管理依据，没有真正做到完全意义上的全域规划。

（二）土地利用总体规划

土地利用总体规划是在一定区域内，根据国家社会经济可持续发展的要求和当地自然、经济、社会条件，对土地的开发、利用、治理、保护在空间和时间上所做的总体安排和布局。为引导土地利用方向、管制城乡用地建设活动，土地利用总体规划将全域土地划分为允许建设区、有条件建设区、限制建设区和禁止建设区四种类型。

土地利用总体规划按行政区划可分为五个层次，即全国、省、市、县（市）和乡（镇）。土地利用总体规划以土地利用现状调查数据为底图底数，而土地利用现状调查是对各类用地的数量、分布和利用状况的调查，是具体到地块的。因此，土地利用总体规划的范围是本级行政区全部陆域，是对本级行政区范围内的全部土地做出的总体安排与部署。它采用的用地分类侧重于广大农村地区，规划以耕地保护为基本前提，关注农用地的用途与流转，对城镇内部及乡村的全面发展考虑较少，且多将村庄作为流量指标的来源。

（三）城乡规划

城乡规划是对一定时期内城乡社会和经济发展、土地利用、空间布局和各项建设的综合部署、具体安排和实施管理，包括城镇体系规划、城市规划、镇规划、乡规划和村庄规划。城乡规划的规划区是城市、镇和村庄的建成区以及因自身建设和发展需要必须实行规划控制的区域。规划区的具体范围由有关人民政府在组织编制的过程中，根据城乡经济社会发展水平和统筹城乡发展的需要划定。

（四）生态环境规划

生态环境规划是对某特定区域一定时期内的生态环境保护目标和措施所做出的具体规定。在规划中，要提出协调社会经济与生态环境相互关系可行性措施的环境保护方案。

生态环境规划可以分为自然保护规划（保护、增值和合理利用自然资源）和生态建设规划（对人为活动干扰和破坏的生态系统进行恢复和重建）。生态环境规划按性质分类包括自然保护区规划、土地整理与复垦规划、生态农业工程规划、草地保护与建设规划、林业生态工程规划、水资源利用规划、水土保持工程规划、防沙治沙规划等。可见，生态环境规划主要是针对特定范围内某一类或某几类要素展开的保护修复安排，多关注生态空间的内容，对城镇空间、农业空间和海洋空间的关注很少，且其规划范围往往也不是全域的。

(五) 海洋功能区划

海洋功能区划是根据海域的地理位置、自然资源状况、自然环境条件和社会需求等因素划分的不同海洋功能类型区，用来指导、约束海洋开发利用实践活动，保证海上开发的经济、环境和社会效益。海洋功能区划的本质是确定海域和海岸段资源适宜性方向和优先开发利用的对象，以及可能的开发兼容组合。

我国海洋功能区划的范围包括我国管辖的内水、领海、毗邻区、专属经济区、大陆架及其他海域。海洋功能区划所考虑的核心问题是，依据资源及其可能发挥的功能，对其性质及可开发的方向进行分区划片。海洋功能区划是海域范围内的空间规划，因而对海洋空间和沿海区域关注较多，对内陆缺乏动态的统筹安排；而且因主管部门、技术方法的不统一，海域范围与陆域范围往往还有一定程度的交叉重叠。海洋"区划"没有时间坐标，依据的是现状，划出的功能区是海洋功能在空间上最理想的静态配置，缺乏对某一区域功能上可能发生的动态变化的空间预留。

二、全域管理的基本内涵

在自然资源部"两统一"职责中，"所有国土空间"强调新时期要把土地用途管制与整治修复扩展到所有国土空间，落实全域管理的要求。通常意义上的国土空间是指国家主权与主权权利管辖下的地域空间，它是国民生存的场所和环境，包括陆地、陆上水域、内水、领海、领空等。作为自然资源的空间载体和生态文明建设的物质基础，国土空间在现代化建设中拥有全局性、战略性和不可动摇的地位。而全域管理指的是规划范围的全覆盖，包括城镇区域、乡村地区以及大量非建设用地；从地表到地上、地下；从陆域空间到海洋空间。综上，国土空间全域规划管理即规划地域范围覆盖陆地、水域和领空，涵盖生态空间、农业空间、城镇空间与海洋空间，统筹地上、地下和地表立体国土空间，实现整体保护、系统修复和综合治理，落实对国土空间的全域管控。

三、全域管理的核心理念

国土空间规划真正实现了规划范围的全域覆盖，在规划编制和实施中要贯穿全域统筹的理念，坚持陆海统筹、区域协调、城乡融合，优化国土空间结构和布局，统筹地上、地下空间综合利用，努力提高规划的科学性。

（一）城乡统筹

中国共产党第十六届中央委员会第三次全体会议提出了"统筹城乡发展、统筹区域发展、统筹经济社会发展、统筹人与自然和谐发展、统筹国内发展和对外开放"的"五个统筹"要求。城乡统筹的内涵是要坚持以人为本，使农村居民和城市居民同步过上全面小康的幸福生活，最终目标是要使农村居民、进城务工人员及其家属与城市居民一样，享有平等的权利、均等化的公共服务、同质化的生活条件。要把挖掘农业自身潜力与工业反哺农业结合起来，把扩大农村就业与引导农村富余劳动力有序转移结合起来，把建设社会主义新农村与稳步推进城镇化结合起来，加快建立健全以工促农、以城带乡的政策体系和体制机制，形成城乡良性互动的发展格局。

城市与乡村在区域经济体系中的关系不可分割、相互依存、相互制约。城乡关系是社会经济生活中影响全局的关键环节，从城乡对立走向城乡融合是城乡关系发展的必然结果。我国在统筹城乡发展、推进新型城镇化方面取得了显著进展，但是城乡要素流动不顺畅、公共资源配置不合理等问题依然突出。城乡发展不是此消彼长的零和博弈，而是融合发展、共享成果的共生过程，党的十九大提出的建立健全"城乡融合发展"体制机制和政策体系，就是旨在解决现实问题，重塑新型城乡关系，走城乡融合发展的道路，走城市和农村携手并进、互利共赢的道路。

（二）陆海统筹

陆地和海洋是有机联系的统一体，这种统一要求陆海空间能够相互交融,陆海产业可以高度关联,陆海生态能形成动态平衡的完整体系。新时代的国土空间规划包括陆地国土空间和海洋国土空间,因此需要打破传统重陆轻海的习惯思维,根据陆海空间的统一性,构建基于陆海统筹的法律法规体系,探索海洋生态服务系统和陆域空间环境等相关规划"多规合一"的准则。

国土空间规划要坚持陆海统筹、底线管控、弹性优化的原则,统筹考虑全域空间利用和功能用途划定,实现海岸带陆海两侧的功能用途相协调。首先,在底线管控上,陆海两个层面的底线控制要求在空间上进行陆海用途兼容性管制的拟合;在海域层面,分别从海洋生态资源、海洋生态环境和海洋生态空间三个维度提出对海洋生态安全状态的刚性保护要求;在陆域层面,从海岸带土地利用主导功能类型、海岸带陆域开发强度和海岸带空间建设压迫情况等维度提出开发建设的底线控制要求。其次,在弹性规划指引方面,主要从滨海景观视廊、滨海建筑界面形态和滨海公共空间布局优化等方面提出要求。最后,通过调整海岸带两侧功能的冲突区,提升复合功能价值和景观环境特色价值,使得陆海空间有机交融,陆海产业高度关联,陆海生态形成动态平衡的耦合体系,形成陆海统筹和谐发展的"一张图"。

(三)区域统筹

区域统筹就是要注重不同区域之间的协调,以均衡发展理论和新经济增长理论为基础,深入实施区域发展总体战略,发挥比较优势,促进区域错位协同发展。区域统筹重点考虑城镇体系、生态治理、交通管制、经济发展、跨界一体化等方面的协同,注重人文特色,注重统筹协调,注重社会总福利最大化,注重解决基础性问题。

在城镇体系方面,要重点解决资源和能源、生态环境、公共服务设施和基础设施、产业空间和邻避设施布局等区域协同问题。城镇密集地区的城市要提出跨行政区域的都市圈、城镇圈协调发展的规划内容,促进多中心、多层次、多节点、组团式、网络化发展。在培育区域中心城市时,要注重发挥县城等城镇的节点作用,形成多节点、网络化的协同发展格局。

在生态治理方面,推进生态环境协同治理,拓展生态空间、扩大环境容量,从而推动区域经济一体化发展。通过完善跨地区联防联控治理模式、构建区域生态补偿机制、设立区域生态环境合作发展基金、强化区域生态环境治理机构建设、鼓励社会公众参与区域生态环境治理，突破单一的地区治理模式，构建区域生态环境共建共享机制。

在交通管制方面，推动交通一体化发展，加快建设现代综合交通运输体系，深化综合交通规划的有机衔接，共同加快综合交通基础设施的互联互通，共同促进综合交通科技创新的示范引领，共同推进综合交通生态环境的保护治理，共同推动综合交通管理服务的高效协同。

在经济发展方面，加强跨区合作，推动毗邻区域协同发展，通过省际毗邻区域之间的合作与分工，对区域发展进行合理的统筹规划，降低生产成本，促进规模经济的发展。这样一来，一是能够促进资源在更大范围内流动和配置，获得更高的利用率；二是能够发挥各地区的比较优势，实现共同发展；三是能够推动区域间不同发展水平地区的协调发展；四是能够破除国内外不确定因素的影响，增强市场竞争力。

在协同管理方面，加强区域空间规划协同，把握都市圈发展关键窗口期，指导开展跨界一体化示范区的空间规划协同研究，加强产业创新走廊及合作区一体化的规划协调衔接，推进城际轨道交通项目，为区域一体化发展提供空间引领。

四、全域管理的空间类型

(一)"三类空间"的概念

生态空间是指具有自然属性、以提供生态服务或生态产品为主导功能的国土空间，涵盖需要保护和合理利用的森林、草原、湿地、河流、湖泊、滩涂、岸线、海洋、荒地、荒漠、戈壁、冰川、高山冻原、无居民海岛等。生态空间主要是为人类之外的生物提供栖息地、繁育地、迁徙通道等功能的区域，对生态空间的管理以"正面清单"管理方式为主，严格控制绝大多数的人类活动，根据生态保护红线和生态保护红线以外的一般生态空间进行差异化管控。在生态保护红线内原则上禁止建设，仅允许国家重大战略项目以及对生态功能不造成破坏的有限的人为活动，除相关法律法规规定外，禁止新增建设占用；对于未纳入生态保护红线的一般生态空间，原则上按限制建设区管理，根据《土地管理法》等法律法规的要求严格进行项目准入的审批。

农业空间是指以提供农产品为主体功能的空间，包括农业生产空间和农村生活空间。农业生产空间主要是耕地，也包括园地、林地、牧草地和其他农用地等。农村生活空间为农村居民点和农村其他建设空间，包括农村公共设施和公共服务用地。为保护永久基本农田与耕地，确保农产品的质量和产量，合理引导农村居民点建设，对农业空间应按照永久基本农田及一般农业空间分别进行管控。在永久基本农田划定区域，严格限制非农建设活动，除符合法律法规及相关文件规定之外，仅允许国家重大战略项目以及在避让基本农田的前提下，对农业生产功能不造成破坏的人为活动，其余不符合保护和管理要求的用地类型禁止准入。一般农业空间可以允许农村基础设施、休闲旅游业，以及农村新产业、新业态等活动进入，为推动乡村振兴留有弹性。

城镇空间是指以提供工业品和服务产品为主体功能的空间，包括城市建设空间和工矿建设空间。城镇空间以完善城镇功能、提升公共服务水平和环境品质为主。对于城镇空间应探索建立"正负面清单"相结合的空间准入制度，严格落实禁止、限制用地项目目录要求，制定产业准入负面清单，细化环境保护要求，引导城镇内部结构优化，实现高质量发展。地方结合城市定位与发展目标，因地制宜地制定城镇空间管制措施，在城镇开发边界内的建设，实行"详细规划＋规划许可"的管制方式；在城镇开发边界外的建设，按照主导用途分区，实行"详细规划＋规划许可"与"约束指标＋分区准入"的管制方式。

此外，特殊的海洋空间是进行资源开发和经济社会发展的重要载体，是沿海国家和地区实现可持续发展的重要战略空间，是海岸、海上、海中和海底的地理区域的总和。从陆海统筹的角度来说，海上开发活动是陆域社会经济发展的延伸。海洋"三区三线"中的围填海控制线，在围填后最终是作为土地来供给，而海洋的属性要求其必须具有流动性，并以水体作为主体，所以应将围填海控制线内的区域放到陆域国土空间规划中进行考虑。另外，从国家对海洋的整体定位来说，海洋主要是作为生态空间，应以保护为主，突显海洋生态服务和生态产品；从空间上来看，近岸开发需求大，而外海则更侧重保护。

(二)"三类空间"的关系

"三类空间"是总体上优化国土空间功能、提升土地利用效率、协调人地关系的基础。各类空间功能互补、协同作用，从而使国土空间系统更为有序，使国土空间功能结构更加清晰，使国土空间更加便于统筹管理。

在空间关系上，城镇、农业和生态三类空间在空间划分上不重叠，在功能上则相互渗透。"三类空间"作为空间规划的主体要素，也是部门行使职责的事权空间和界限。一方面，按照生态文明体制改革总体方案的要求，"三类空间"不能交叉重叠。另一方面，空间要素的复杂性决定了空间功能的复合性和包容性，"三类空间"突出的任务是空间主体功能的划分，但除主体功能外，"三类空间"范围内依然存在其他功能。城镇空间是城镇化和工业化的主要场所，同时也有小范围的生态用地；农业空间主要提供农产品，是实施乡村振兴的主要地域，但同时也有生态功能和生活功能；生态空间主要提供生态产品，同时也有农业生产、生活功能。

在作用机理上，"三类空间"具有此消彼长、相互制衡的关系。过度垦殖、过度放牧等农业开发行为，会挤压生态空间。人类活动不断向城镇空间集聚，空间开发行为的拓展导致城镇空间持续扩张，也会挤压、侵占生态空间、农业空间和海洋空间。生态保护红线和永久基本农田共同成为城镇生态屏障，形成城镇开发的实体边界，可以约束城镇无序蔓延的态势，促使人类在城镇空间内节约集约用地。城镇空间衰败、退化，生态空间凭着自然恢复功能，辅以复垦活动，可将城镇空间转化为生态空间或农业空间。

第二节　国土空间规划实施的全要素管理

一、全要素管理的基本内涵

随着国务院机构改革的完成及国土空间规划体系的建立，我国正式迈向全域全要素统一管理的新阶段，大多数用途管制的手段、工具和政策都集中到新组建的自然资源主管部门，用途管制政策协调的重点从横向的部门之间转向纵向的不同层级人民政府之间，从以往自然资源的、具体的、物质的要素角度转向地域性的、自然与人工的、有形与无形的要素角度来认知和管理国土空间。

国土空间规划要素是反映国土空间中客体存在的各类规划内容。此时，国土空间被视为各类资源要素与环境的载体，可以依其所承载的不同自然资源与人类活动范畴，划分为有形的自然与物质资源类要素和无形的社会经济等人文要素，重点关注要素的具体用途或管理限制性，体现资源分类管理的思路。其中，有形的自然与物质资源类要素可以确定明确的界址、用途和权属，是实施不动产确权登记、自然资源确权登记并落实权利、责任主体的基础；无形的社会经济等人文要素可以和具体区域或地类使用管制挂钩，如历史风貌与历史文化名城、名镇、名村等。

二、全要素管理的核心理念

"两统一"职责实现了对自然资源从"以单要素管理为主"向"以综合管理为主"的转型和升级，从原先多部门分头管理下形成的涉及空间管理的方式，转向构建面向山水林田湖草等系统治理的全域全要素管理模式。新时期的自然资源全要素管理必须坚持生态文明体制改革的基本理念，用理念指导改革行动。

坚持人地和谐的发展观，树立"尊重自然、顺应自然、保护自然"的理念，实现中华民族的永续发展。人类文明存在与发展的核心是以人为本，建设生态文明不仅要以人为本，而且要通过优化人地关系，达到人地协调，实现可持续的以人为本。因此，国土空间规划的根本目标仍是更好地满足"人"的需求，更好地为"人"服务，而实现这一目标的手段就是管理和协调人地关系。同时，正确处理人与自然的关系，形成人与自然和谐发展，关系着人的生产、生活空间和生存质量，只有形成尊重自然、顺应自然、保护自然的价值观，有度、有序地利用自然，才能真正实现生态文明。

坚持系统发展观，树立"山水林田湖草是一个生命共同体"的理念，实现生态系统的综合治理。山水林田湖草都是自然生态系统的构成要素，共同形成相互联系、相互作用的一个体系，改革建立的自然资源管理制度也应是一个体系，需要从改革系统性、整体性、协同性来认识和落实自然资源管理制度。在国土空间规划体系构建背景下，构建山水林田湖草生命共同体，对于优化新时代自然资源和生态系统管理模式、促进生态文明体制改革、推动建成美丽中国具有重要且深远的意义。

坚持以分类管理为基础、综合管理为方向，树立资源分类管理的理念。一方面，依据自然资源基本属性，加强分类分级管理，以单门类的自然资源为分类管理对象，研究单要素自然资源的利用和管理规律，建立分类、分级的资源管理政策、制度和措施。另一方面，加强社会人文资源要素管理，强化对人文资源的综合调查和评价，以实现全域全要素综合管理。

三、国土空间规划实施的全要素管理体系

履行"两统一"职责、实施国土空间全要素管理体系，就是要在国土空间范围内，统筹以山水林田湖草、矿产资源、海洋海岛与岸线资源为主的自然资源要素，以综合交通系统、市政基础设施、防灾减灾系统为主的社会物质要素，以及以人口、经济社会、文化风貌为主的人文资源要素，从而构建陆海一体、城乡融合的国土空间全要素管理体系。

（一）自然资源要素

根据联合国环境规划署（United Nations Environment Programme，UNEP）对自然资源的定义，自然资源要素是指自然环境中与人类社会发展有关的、能被用来产生使用价值并影响劳动生产率的自然诸要素，是在一定的时间和技术条件下，能够产生经济价值，提高人类当前和未来福利的自然环境因素的总称。自然资源要素具有可用性、整体性、变化性、空间分布不均匀性和区域性等特点，主要包括山水林田湖草要素、矿产资源要素、岸线资源要素、海洋海岛资源要素等。

1. 山水林田湖草要素

"山水林田湖草生命共同体"是由山水林田湖草等多种要素构成的有机整体，是具有复杂结构和多重功能的自然资源生态系统，是各种自然要素相互依存而实现循环的自然链条。统筹山水林田湖草系统治理，分类梳理各类生态要素，要求以山体自然地貌形态为基础，作为生态网络基本骨架；统筹河湖岸线及周边土地的保护与利用，优化河湖水系格局；严格划定天然林、生态公益林等基本林地集中保护区，强化水土保持、生物保护多样性的能

力；确定永久基本农田保护目标和布局，提高耕地质量，拟定耕地占补平衡与基本农田保护的实施措施，强化耕地保护效果；同时，严格划定基本草原边界，落实封禁土地沙化保护区管理要求，加强生态系统的整体保护。按照自然生态的整体性、系统性及其内在规律，统筹考虑自然生态各要素，对其进行整体保护、系统修复和综合治理，围绕解决我国自然资源开发利用保护中生态系统保护与改善的重点、难点，推动自然资源生态系统治理体系和治理能力现代化，不断满足人们日益增长的对优美生态环境的需求。

2. 矿产资源要素

矿产资源是指经过地质成矿作用而形成的，天然赋存于地壳内部或地表，埋藏于地下或出露于地表，呈固态、液态或气态，并具有开发利用价值的矿物或有用元素的集合体，属于非可再生资源。矿产资源要素的储量是有限的。为贯彻落实党的十八大以来中央关于全面深化改革、生态文明建设、"放管服"改革等系列部署要求，自然资源部亦在矿产资源领域推进了一系列改革，主要包括矿业权出让制度改革、油气勘查开采体制改革、矿产资源权益金制度改革、矿产资源储量改革及地质勘查资质管理改革等。根据生态文明建设要求，结合生态功能区划，统筹部署矿产资源调查评价、勘查开发和矿山地质环境保护与治理工作，实现资源开发、环境保护和民生改善的共赢局面。在坚持生态保护、绿色发展原则的基础上，统筹矿产资源开发利用，优化资源开采布局，同时科学确定矿产资源开发利用分区，优化分区管理与空间管控，部署治理恢复重大工程和重点项目，加强矿山地质环境治理，消除地质灾害隐患，恢复矿山生态环境。

3. 岸线资源要素

岸线资源是指占用一定范围水域和陆域空间的水土结合的国土资源，是不可再生的战略性资源，分为自然岸线和人工岸线。作为流域生态环境的重要组成部分和核心环节，岸线资源发挥着无可替代的生产、生活和生态环境功能。国家对海岸线实施分类保护与利用，岸线保护与利用管理应遵循保护优先、节约利用、陆海统筹、科学整治、绿色共享、军民融合原则，严格保护自然岸线，整治修复受损岸线，拓展公众亲海空间，与近岸海域、沿海陆域环境管理相衔接，实现海岸线保护与利用的经济效益、社会效益、生态效益相统一。根据海岸线的自然资源条件和开发程度，可将岸线分为严格保护、限制开发和优化利用三个类别：严格保护岸线按生态保护红线有关要求划定，明确保护边界，设立保护标志；限制开发岸线严格控制改变海岸自然形态和影响海岸生态功能的开发利用活动，预留未来发展空间，严格海域使用审批；优化利用岸线应集中布局确需占用海岸线的建设项目，严格控制占用岸线长度，提高投资强度和利用效率，优化海岸线开发利用格局。

4. 海洋海岛资源要素

海洋资源是指在一定条件下能产生经济价值的一切赋存于海洋中的物质和能量以及与海洋开发利用有关的海洋空间，按其自然本质属性可分为海洋生物资源、海洋矿产资源、海洋空间资源、海洋旅游资源等。海岛资源包括滩涂资源、陆地资源、水域资源等，依据海岛分布的紧密性、生态功能相关性、属地管理便捷性，结合国家及地方发展的区划与规划，立足海岛保护工作的需要，按照区内统一和区间差异对海岛进行分区保护。海洋资源和海岛资源应统筹保护，划定海洋保护区是保护海洋生物多样性、防止海洋资源过度开发和栖息地退化的有效方法与实现海洋可持续发展的重要工具，各类海洋保护利用分区应制定差异化的规则。此外，还应对海岛进行分类管理，合理保护利用海岛自然资源，优化利用有居民海岛，保护性利用无居民海岛，严格保护特殊居民海岛。

(二) 社会物质要素

社会物质要素是指能保障一个地区高速、正常地进行生产、生活等各项社会活动，为物质生产和人民生活提供一般条件的公共设施等，它是保障城市以及村镇生存、持续发展的支撑体系。社会物质要素主要包括综合交通系统、市政基础设施 (给水排水工程系统、能源工程系统、通信工程系统、环境卫生工程系统)、防灾减灾系统等。

1. 综合交通系统

综合交通系统承担着保障城乡日常的内外客运交通、货物运输、居民出行等活动的职能，分为城乡内部交通和对外交通两个部分。前者主要指城市、村镇内部的交通，主要通过道路系统来组织；后者则是以城市和村镇为基点与外部空间联系的交通，如铁路、水路、公路、航空及管道运输等。城市内部道路交通规划在合理的用地功能布局基础上，根据交通性质区分不同功能的道路，按照绿色交通优先原则，组织道路系统；村镇道路交通规划则是根据村镇之间的联系和各项用地的功能，结合自然条件和现状特点，确定道路交通系统。

对外交通设施与布局需综合考虑各种对外交通运输方式的特点。例如，在城市铁路布局中，站场位置起着主导作用，依据城市的性质、铁路运输的流量、自然地形的特点等确定站场的位置及数量；在水路运输中，依据港口活动的特点，配套港口设施与城市建设；在城市公路布局中，结合总体布局合理选定公路线路的走向；对于航空运输，要合理确定航空港与城市的距离，做好航空港与城市联系的交通组织。而村镇对外交通主要包括铁路、公路和水运三类，根据村镇对外联系的需要，建立合理的对外交通运输体系。

2. 市政基础设施

市政基础设施包括给水排水工程系统、能源工程系统（供电、燃气及供热系统等）、通信工程系统、环境卫生工程系统：给水排水工程系统承担供给城乡各类用水、排涝除渍、治污环保的职能；能源工程系统承担供给城乡高能、高效、卫生、可靠的电力、燃气、集中供热等清洁能源的职能；通信工程系统担负着城乡之间与内部各种信息交流、物品传递等职能；环境卫生工程系统担负着处理污废物、洁净城乡环境的职能。根据区域城乡基础设施共建共享的原则，推进资源节约和循环利用，倡导简约适度、绿色低碳的生活方式。在中心城区内，确定各类基础设施的建设目标，预测供水、排水、供电、燃气、供热、垃圾处理、通信需求总量，确定各类设施的建设标准、规模和重大设施布局；明确重大邻避设施控制要求。

合理布局全域供水干线、大型污水处理设施、电力干线、燃气干管等重大市政基础设施，实现城乡基础设施的共建共享。

3. 防灾减灾系统

防灾包括对灾害的监测、预报、防护、抗御、救援和灾后恢复重建等多方面的工作，通过对气候变化的影响及灾害风险的评估，按照提升城市安全和韧性的理念，系统分析评估影响本地长远发展的重大灾害风险类型，提出减缓和适应未来灾害的措施，提高抗灾应急能力。防灾减灾系统主要由防洪（潮、汛）、抗震、消防、人防工程等系统及生命线系统等组成。城市防洪（潮、汛）工程主要由堤防、排洪沟渠、防洪闸和排涝设施组成；城市抗震设施主要指避震和震时疏散通道及避震疏散场地；城市消防设施有消防指挥调度中心、消防站、消火栓、消防水池及消防瞭望塔等；城市人防工程主要分为指挥通信工事、医疗救护工事、专业队工事、后勤保障工事、人员掩护工事、人防疏散干道；城市生命线系统包括交通、能源、通信、给排水等城市基础设施，是城市的"血液循环系统"和"免疫系统"，通过设施的高标准设防、设施的地下化、设施节点的防灾处理、提高设施的备用率等措施来提高生命线系统的防灾能力。

（三）人文资源要素

人文资源要素是指在社会经济运行过程中形成的，以人的知识、精神和行为为内容，本身不直接表现为实物形态，但能为社会经济的发展提供不可或缺的对象、能源的要素组合，包括人口、经济社会、文化风貌等。人文资源的塑造必须面对全尺度空间，即从大尺度的宏观区域空间到小尺度的街道空间等，通过人文价值的赋值过程，使得整个空间体系获得系统性的增值。

1. 人口要素

人口是居住在一定地域内或一个集体内的人的总数。人口是一个内容复杂的社会实体，具有性别和年龄及自然构成、多种社会构成和社会关系、经济构成和经济关系。人口是社会物质的必要条件和全部社会生产行为的基础和主体。新中国成立以后，我国已经开展了七次人口普查。人口普查就是在特定时间和区域内按照统一的方法、要求、内容，对所有人口普遍地、逐户逐人地进行的一次性调查登记，它是进行有关人口的社会、经济和人口学的数据收集、编辑和公布的过程。通过人口普查、人口统计等方法，确定人口规模，对人口的年龄、职业、家庭、空间等结构进行分析，运用综合增长率法、时间序列法、增长曲线法、劳动平衡法等方法来预测未来人口，以支撑未来国土空间规划的各类需求测定。

2. 经济社会要素

经济社会要素包括区域经济水平、经济结构、产业布局、未来经济走势以及社会组织、社会文化环境等，能够描述居民群体特征，是刻画一定区域内复杂人类活动及其影响的主要抓手。区域发展离不开经济的增长，把握区域发展就要认识经济活动。因此，要基于区位论的角度，从产业类型、规模经济、集聚经济、地租理论等方面理解经济活动对区域发展的影响，运用经济基础分析、投入产出分析、趋势外推等方法，把握区域经济发展动态，从而更好地制定区域发展战略。而社会要素对于规划的本质影响在于区域发展中多方利益的互动与协调。从规划角度来看，社会要素包括各种社会问题、社会结构、生活方式、社会组织、社会发展规律等，选取社会公平、行政效率与城市政策等社会组织系统指标，社区投资水平、社会安全与治安控制、社会整合等社会文化环境指标，城市环境评价、政治和社会氛围评价等主观评价指标，综合运用社会经济影响评价法、社会指标分析法等，对区域社会要素进行评价，以保障社会公平，推动社会整体生活品质的提高。

3. 文化风貌要素

文化是人类优秀物质生活和精神生活的历史积淀，是人们对伦理、道德和秩序的概括和认定，也是人们生活方式的基本准则，一般包括物质文化、制度文化及精神文化三个层次。在规划中，文化通过塑造规划决策者、规划师、公众的意识来影响规划方案的编制。在规划及建设中主要涉及文化风貌的部分，包括物质环境、制度环境和人文环境三种类型：一是物质环境，包括空间布局、自然景观、建筑风格、街道肌理、区域标志等，这些物质元素都可直接观察与触摸到，是文化的物质载体，作为一种物化手段，既为人类的行为活动提供了物质支撑，又影响和制约着人在空间中的行为活动。二是制度环境，指各种法律法规，如《土地管理法》《中华人民共和国文物保护法》等各种规划建设法律法规、地方性的管理规章制度及规划中制定的相关实施政策等。制度环境是在人文环境下指导建立的，用来约束人类行为的保障体系，目的是促进物质环境和人文环境有序和稳定的发展，是文化的一种隐性手段。三是人文环境，主要围绕着人展开，包括个人自身的基本活动、社会关系、精神活动等：基本活动包括衣、食、住、行的各个方面；社会关系包括各种社群活动、家庭关系等；精神活动包括道德观念、思想意识等。人文环境是文化的主体，同时也是物质环境与制度环境建设的直接目的。

第三节 国土空间规划实施的分区与控制线管控

一、国土空间规划分区

(一) 国土空间规划分区的概念与目的

国土空间规划分区即国土空间规划的区域划分，是指基于不同区域的国土空间开发利用保护功能特征与差异，将所规划的空间区域划分出不同空间单元的过程。规划分区既是国土空间规划的重要工作，也是规划实施管理的基本依据。

国土空间规划分区的目的主要有以下四个方面。

1. 明确不同地域的空间结构和功能

国土空间的构成要素多样，包括自然、经济、生态、文化等，存在明显的地域差异，不进行分区就难以分辨不同地域的国土空间结构和功能，难以进行有效的空间组织。

2. 建立国土空间合理格局

国土空间规划的重要任务是正确处理好地区经济专门化与综合发展之间的关系，科学地进行经济地域组织建设和生产地域综合体建设。通过分区，可以更好地形成社会专业化分工与地域生产分工合理的区域合作和经济网络，从而建立起生产力引导和区域组织的合理格局。

3. 确定空间管控的区域边界

国土空间规划既要引导，也要控制。要规范和约束国土空间开发利用行为，就必须明确控制区域的范围和边界。要通过明确禁止建设区的边界来保护国土空间生态；通过明确不同时期内城镇开发的边界来推进城市建设用地的集约高效；通过明确永久基本农田分布的边界来保证国家粮食安全。国土空间用途管制是国土空间规划实施管理的最重要制度之一，要实现这一制度就必须明确各类用途的范围边界。

4. 为工程项目布局提供依据

从微观上看，国土空间规划是通过各类开发、利用、整治和保护项目来落实实施的。这些项目的布局必须以分区为依据。例如，不能将城镇开发型项目布局在永久基本农田内，不能将耕地开垦项目布局在生态保护红线内等。

在不同级别的国土空间规划中，规划分区有不同的表现和应用形式。其中，全国国土空间规划纲要和省级国土空间总体规划采用地域分区的方式，市级、县级和乡镇级国土空间总体规划则采用功能分区的方式。

(二) 国土空间规划的地域分区

地域分区，也称自然地域分区或自然综合分区，与地理区划含义基本相同，是国家级、省级、流域、跨行政区等较高层次和大尺度的国土空间规划中最常见的分区类型。它是把一个国家的全部国土空间区域，按照光、热、水、土、气等要素相互作用形成的地域综合体，划分为若干个区域内特征相似、区域间差异显著的空间共轭区域，为空间规划、自然资源利用、生态环境保护以及经济和行政管理提供科学依据。地域分区通常采用定性和定量相结合的方法进行。定性的方法主要依据专家的经验和判断；定量的方法主要通过建模，采用遥感与地理信息系统等技术手段综合开展。

地域划分的内涵随着社会经济的需求不断发展变化。例如，通常将全国国土空间按区位划分为七大地域：华东区、华北区、华南区、华中区、西南区、西北区、东北区。根据经济社会发展，将全国国土空间划分为四大经济地域，即东部地区、东北地区、中部地区和西部地区，各区域经济社会发展的主要内容为东部率先发展、东北振兴、中部崛起和西部开发。此外，为了服务于生态保护和建设，又将国土空间划分为生态管控区域、生态优先区域、优化开发区域和重点开发区域等。

就国土空间规划而言，地域分区的作用在于：有助于进一步认识自然地域系统要素特征及其相互作用过程的地域分异规律，为制定差别化的国土空间战略和管制政策提供科学依据；有助于国土空间规划更好地遵循自然规律和自组织过程，因为国土空间也是一个地域空间，其规划必须遵循地域的分布规律；不同的自然地域环境具有不同的自然资源禀赋，国土空间规划的生产力布局、城乡居民点布局、为保护和整治环境所采取的区域性工程措施布局等，都需要考虑不同地域环境的自然资源禀赋和地域条件差异。

(三)国土空间规划的功能分区

功能分区是指基于不同区域的国土空间开发利用保护功能特征与差异,划分出不同空间单元的过程。国土空间规划中的功能是指国土空间能够满足人类某种需求的一种属性,如生态功能、生产功能、生活功能、文化功能等。为充分发挥国土空间的整体功能,需要对区域国土空间的重要功能进行统筹安排,即采用国土空间功能分区的方法统筹配置国土空间的开发利用方向,凸显不同区域国土空间开发利用功能,明确产业主导区位和空间布局,提高区域的协调发展和可持续发展水平。

在国土空间规划中,功能分区是极其关键的环节,也是进行区域调控的一种手段。功能分区方案在纵向上和横向上的不衔接,是导致空间开发无序和低效的重要原因。功能分区方案必须充分把握功能空间分异的客观规律,建立起与规划对接的机制,与规划用地分类体系相衔接,才能更好地发挥功能分区在空间治理中的有效作用。国土空间规划的功能分区不同于地域分区,它有独特的技术路线和方法体系,其程序包括:调查分析和信息提取,建立功能分区的数据库;地域功能综合评价,选取各类指标综合评价地域功能的适宜性和未来发展潜力及趋势,揭示空间分异规律;功能分区方案制定,明确各个区域的功能和边界,有利于衔接上位规划、形成空间用途管制分区、对接不同部门的空间发展需求等;规划功能分区制图。

需要指出的是,国土空间规划功能分区是指区域内具有一个统一的功能。这种功能分区不同于单元内部质量、密度等各种属性都基本相似的均质区,也不同于密度从中心到边缘存在规律性变化的结节区,如城市群、都市圈等。城镇发展区、农产品主产区、生态功能区、禁止开发区是一种功能分区;基本农田集中区、一般农业发展区、城镇村发展区、独立工矿区、风景旅游区、生态安全控制区、自然与文化遗产保护区、林业发展区等是另一种功能分区。各种功能区还可以进一步细分,如按照生态系统提供的服务不同可以将生态功能区进一步细分为基本生态功能区、自然生产功能区、环境调节功能区和生态附加功能区等。

1.生态保护区

生态保护区是指具有特殊重要生态功能或生态敏感脆弱、必须强制性严格保护的陆地和海洋自然区域，包括陆域生态保护红线、海洋生态保护红线集中划定的区域。生态保护区应严格保护，按照禁止开发区域进行管理，实行最严格的准入制度，严禁任何不符合主体功能定位的开发活动，任何单位和个人不得擅自占用或改变国土用途，严禁围填海行为。生态保护区内原有的村庄、工矿等用途，应严格控制建设行为的扩展并根据实际发展需要逐步引导退出。

2. 生态控制区

生态控制区是指生态保护红线外，需要予以保留原貌、强化生态保育和生态建设、限制开发建设的陆地和海洋自然区域。生态控制区应以保护为主，并开展必要的生态修复；应按照限制开发的要求进行管理，允许在不降低生态功能、不破坏生态系统的前提下，依据国土空间规划和相关法定程序、管制规则适度开发利用。

3. 农田保护区

农田保护区是为贯彻落实严守耕地红线、严保永久基本农田的战略要求，实施永久特殊保护的耕地集中区域，即永久基本农田相对集中、需要严格保护的区域。农田保护区应从严管控非农建设占用永久基本农田，鼓励开展高标准农田建设和土地整治，提高永久基本农田质量。

4. 城镇发展区

城镇发展区是指城镇开发边界围合的范围，是城镇开发建设集中发展并可满足城镇生产、生活需要的区域。城镇发展区可进一步细分为城镇集中建设区、城镇弹性发展区和特别用途区，其中城镇集中建设区又可再细分为居住生活区、综合服务区、商业商务区、工业发展区、物流仓储区、绿地休闲区、交通枢纽区、战略预留区等。城镇发展区应明确在一定时期内可以进行城镇开发和集中建设的地域，对区内的城镇集中建设区、城镇弹性发展区提出总体指标控制要求，对各类城镇建设土地用途和城镇建设行为提出准入要求。该分区内的所有建设行为应按照详细规划进行精细化管理。

5. 农业农村发展区

农业农村发展区是指永久基本农田集中保护区外，为满足农、林、牧、渔等农业的发展，以及为满足农民集中生活及生活配套为主的区域。农业农村发展区包括永久基本农田集中区以外的耕地、园地、林地、草地等农用地，农业和乡村特色产业发展所需的各类配套设施用地，以及现状和规划的村庄建设用地，可进一步细分为村庄建设区、一般农业区、林业发展区、牧业发展区等。乡村发展区应以促进农业和乡村特色产业发展、改善农民生产和生活条件为导向，根据具体土地用途类型进行管理。对于村庄建设用地和各类配套设施用地，应按照人均村庄建设用地指标进行管控。在乡村发展区内，允许农业和乡村特色产业发展及其配套设施建设，以及为改善农村人居环境而进行的村庄建设与整治，严禁集中连片的城镇开发建设。在充分进行可行性、必要性研究的基础上，在不影响安全、不破坏功能的前提下，该分区允许建设区域性基础设施廊道，并应做好相应的补偿措施。

6.海洋发展区

海洋发展区是允许集中开展开发利用活动的海域，以及允许适度开展开发利用活动的无居民海岛。海洋发展区可细分为渔业用海区、交通运输用海区、工矿通信用海区、游憩用海区、特殊用海区、海洋预留区六类主要的用海功能区。海洋发展区内应注重"刚性和弹性并重"的管控模式。合理配置海洋资源，优化海洋空间开发格局，严禁国家产业政策淘汰类、限制类项目在海上布局，对不同发展功能区应制定相应的负面清单管控。

7.矿产与能源发展区

矿产与能源发展区是指陆域油气区、采矿区、盐田区及风能、太阳能采集区等保障国家资源安全供应的区域。矿产与能源发展区应根据不同区域的自然条件，采用合理的开发利用方式，同时注重区域的可持续发展，做好修复和恢复工作。

二、控制线管控

控制线是在规划分区的基础上所衍生出来的管控手段，既是国土空间规划的重要内容，也是国土空间规划成果实施和监管的关键依据。

(一)三条控制线

生态保护红线、永久基本农田和城镇开发边界构成了国土空间规划的"三条控制线"。三条控制线的划定与管控对形成生产空间集约高效、生活空间宜居适度、生态空间山清水秀、可持续发展的高品质国土空间格局具有重要意义。中共中央办公厅、国务院办公厅发布的《关于在国土空间规划中统筹划定落实三条控制线的指导意见》(以下简称《三条控制线的指导意见》)明确了三条控制线的定义、划定原则、管控要求和矛盾冲突协调机制是三条控制线划定工作的重要指南。

1. 生态保护红线

(1) 概念

生态保护红线是指在生态空间范围内具有特殊重要生态功能、必须强制性严格保护的区域。优先将具有重要水源涵养、生物多样性维护、水土保持、防风固沙、海岸防护等生态功能极重要区域,以及生态极敏感脆弱的水土流失、沙漠化、石漠化、海岸侵蚀等区域划入生态保护红线。其他经评估目前虽然不能确定但具有潜在重要生态价值的区域也应被划入生态保护红线。

(2) 管控要求:分级分类管理

①分级管理。《三条控制线的指导意见》将生态保护红线内分为核心区和其他区域。生态保护红线内的自然保护地核心保护区原则上禁止人为活动。其他区域(包括自然保护地一般控制区及生态保护红线内、自然保护地外的其他区域)严格禁止开发性、生产性建设活动,在符合相关法律法规的前提下,除国家重大战略项目外,仅允许对生态功能不造成破坏的有限人为活动,主要包括:零星的原住民在不扩大现有建设用地和耕地规模的前提下,修缮生产、生活设施,保留生活所必需的少量种植、放牧、捕捞、养殖;因国家重大能源资源安全需要开展的战略性能源资源勘查、公益性自然资源调查和地质勘查;自然资源、生态环境监测和执法,包括水文水资源监测及涉水违法事件的查处等,灾害防治和应急抢险活动;经依法批准进行的非破坏性科学研究观测、标本采集;经依法批准的考古调查发掘和文物保护活动;不破坏生态功能的适度参观旅游和相关的必要公共设施建设;必须且无法避让、符合县级以上国土空间规划的线性基础设施建设、防洪和供水设施建设与运行维护;重要生态修复工程。

②分类管理。生态保护红线的具体类型包括国家公园、自然保护区、森林自然公园、地质自然公园、世界自然遗产、湿地自然公园,以及饮用水水源地、水产种质资源保护区和其他类型禁止开发区。生态保护红线按不同类

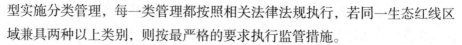

型实施分类管理，每一类管理都按照相关法律法规执行，若同一生态红线区域兼具两种以上类别，则按最严格的要求执行监管措施。

2. 永久基本农田

基本农田和永久基本农田是一组独具中国特色的概念，是我国在对耕地实行严格保护的政策发展过程中，对同一对象在不同时期提出的两种称谓。

永久基本农田是保障国家粮食安全的重要基础，是事关国计民生的大事。然而，近年来我国城市化进程发展迅速，城镇建设用地不断侵占耕地，在保护与发展的博弈中，永久基本农田不断让步于经济，出现了"上山下河、划远不划近"等一系列问题。现阶段，我国经济转向高质量发展，新型工业化、城镇化建设深入推进，农业供给侧结构性改革逐步深入，故对守住耕地和永久基本农田红线提出了更高要求。

（1）概念

永久基本农田是为保障国家粮食安全和重要农产品供给，需要实施特殊保护并经相关程序划定的耕地，一般包括：经国务院有关部门或者县级以上地方人民政府批准确定的粮、棉、油生产基地内的耕地；有良好的水利与水土保持设施的耕地，正在实施改造计划以及可以改造的中、低产田；蔬菜生产基地；农业科研、教学试验田；国务院规定应划入基本农田保护区的其他耕地。

（2）管控要求：全面规划，合理利用，用养结合，严格保护

《基本农田保护条例》明确了"全面规划、合理利用、用养结合、严格保护"的基本农田保护方针。全面规划，就是各级人民政府为实现基本农田保护目标，把应当划入基本农田保护区的耕地划入基本农田保护区严格有效地保护起来。合理利用，就是要按照国家政策和法律规定，根据气候、土壤、水资源、环境等自然条件，合理调整土地利用结构，充分发挥土地的使用效能，提高土地的使用率。用养结合，就是在使用基本农田的同时，要注意对基本农田的养护，加大投入，培肥地力，提高耕地的生产能力。严格保护，就是要严把占用基本农田的审批关，严格执行占用基本农田补偿制度，严格划定基本农田保护区，严格征收新增建设用地的土地有偿使用费。地方各级人民政府要采取措施，确保本行政区域内基本农田的数量不减少。《三

条控制线的指导意见》进一步提出了确保永久基本农田"面积不减、质量提升、布局稳定"的划定要求。

另外，在《土地管理法》《基本农田保护条例》和有关规章中，都对基本农田保护制度做了详细规定，这些制度概括起来主要有以下几个方面：基本农田保护规划制度；基本农田保护区制度；占用基本农田审批制度；基本农田占补平衡制度；禁止破坏和闲置、荒芜基本农田制度；基本农田保护责任制度；基本农田监督检查制度；基本农田地力建设和环境保护制度等。

3. 城镇开发边界

《三条控制线的指导意见》指出，城镇开发边界是指在一定时期内因城镇发展需要可以集中进行城镇开发建设、以城镇功能为主的区域边界，涉及城市、建制镇及各类开发区等。城镇开发边界的本质是为控制城市空间蔓延、提高土地集约利用水平、保护资源生态环境、引导城市合理有序发展所划定的城市集中建设地区的重要控制界线，并制定相应的管理规定。

在学术层面，我国对城镇开发边界的研究主要集中于划定方法和管理方式两个方面。学者林坚认为，可以将中国特色的城镇开发边界理解为城市（中心城区）、镇总体规划控制范围内各类城乡居民点建设用地开发边界。它具有两个方面的属性，既要保证生态安全和自然环境的良好，控制城市的发展规模，也要满足一定时期内城市建设的发展要求，为城市发展预留出"拟发展区"。学者桑劲认为，城镇开发边界实施制度的核心是明晰两级人民政府在不同空间开发边界内外针对不同用途（城镇、设施、乡村）的不同事权。学者许景权从我国国情出发，借鉴国外城市开发边界的相关实践经验，提出我国城镇开发边界划定与管控的方向和路径。

（1）概念

城市开发边界的概念由美国正式提出，其中以波特兰城市开发边界的划定及管理最具代表性。波特兰对城市增长边界的定义为："区分城市与乡村的法定界限。该界限控制城市向农场、森林及自然资源用地的扩张，与此同时，土地、道路、公共服务设施以及其他城市服务应在城市边界内高效供给。"

自然资源部发布的《市级国土空间总体规划编制指南（试行）》提到："城镇开发边界是在国土空间规划中划定的，一定时期内因城镇发展需要，可以集中进行城镇开发建设、完善城镇功能、提升空间品质的区域边界，涉及城市、建制镇以及各类开发区等。城镇开发边界内可分为城镇集中建设区、城镇弹性发展区和特别用途区。"城镇集中建设区，是根据规划城镇建设用地规模，为满足城镇居民生产、生活需要，划定的一定时期内允许开展城镇开发和集中建设的地域空间。城镇弹性发展区，是为应对城镇发展的不确定性，在城镇集中建设区外划定的，在满足特定条件下方可进行城镇开发和集中建设的地域空间。特别用途区，是为完善城镇功能、提升人居环境品质、保持城镇开发边界的完整性，需划入开发边界并加强规划管理的重点地区，主要包括与城镇关联密切的生态涵养、休闲游憩、防护隔离、自然和历史文化保护等地域空间。此外，在相关规定中还指出，城市、建制镇应划定城镇开发边界。

（2）管控要求：城镇开发边界内、外执行不同的管控要求

边界内管理：在城镇开发边界内建设，实行"详细规划＋规划许可"的管制方式，并要求加强与水体保护线、绿地系统线、基础设施建设控制线、历史文化保护线等控制线的协同管控。在不突破规划城镇建设用地规模的前提下，城镇建设用地布局可在城镇弹性发展区范围内进行调整，同时相应核减城镇集中建设区用地规模。调整方案经国土空间规划审批机关的同级自然资源主管部门同意后，应及时将其纳入自然资源部国土空间规划监测评估预警管理系统实施动态监管，调整原则上一年不超过一次。特别用途区原则上禁止任何城镇集中建设行为，实施建设用地总量控制，不得新增城镇建设用地。根据实际功能分区，在市、县国土空间规划中明确用途管制方式。

边界外管理：城镇开发边界外的空间主导用途为农业和生态，是开展农业生产、实施乡村振兴和加强生态保护的主要区域，实行"详细规划＋规划许可"和"约束指标＋分区准入"的管制方式。在城镇开发边界外不得进行城镇集中建设，不得设立各类开发区，允许交通、基础设施以及其他线性工程，军事及安全保密、综合防灾减灾、战略储备等特殊建设项目，郊野公园、风景游览设施的配套服务设施，直接为乡村振兴战略服务的建设项目，以及其他必要的服务设施和城镇民生保障项目。城镇开发边界外的村庄建设、独立选址的点状和线性工程项目，应符合有关国土空间规划和用途管制要求。

(二) 其他控制线

除了三条"底线"外，国土空间规划还需划定绿线、蓝线、紫线、黄线、产业区块线、生态公益林保护线、矿产开采控制线等，并执行相关控制要求。

1. 绿线

绿线又称城市绿线，是指在城市内划定的各类绿地范围的控制线，包括公共绿地、公园绿地、环城绿地，以及对空间结构有重要影响的绿地等。绿线的管理应执行《城市绿线管理办法》。绿线分为现状绿线和规划绿线，在现状绿线范围内不得进行非绿化设施建设，在规划绿线范围内不得改作他用，必须按照规划进行绿化建设。

2. 蓝线

蓝线又称河道蓝线，是指河道工程的保护范围控制线，包括江、河、湖、水系、渠、湿地等地表水体，以及堤防、岸线和因河道拓宽、整治、景观绿化而规划预留的控制范围。蓝线的管理应执行《城市蓝线管理办法》。在蓝线范围内主要用于河道建设和管理，控制水面积不被违法填堵，以确保防汛安全。

3. 紫线

紫线主要指城市紫线，是指国家、省、自治区、直辖市人民政府公布的历史文化街区的保护范围界线，以及历史文化街区范围以外经县级以上人民政府公布的历史建筑的保护范围界线。紫线的管理应执行《城市紫线管理办法》。在历史文化街区内的各项建设必须坚持保护真实的历史文化遗存、维护街区传统格局和风貌、改善基础设施、提高环境质量的原则；历史建筑的维修和整治必须保持原有风貌，在保护范围内的各项建设不得影响历史建筑风貌的展示；禁止对历史文化街区和历史建筑的保护构成破坏性影响的活动。

4. 黄线

黄线又称城市黄线，是指对城市发展全局有影响的、规划确定的、必须控制的基础设施用地的控制界线，包括公共交通设施、供水设施、环境卫生设施、供燃气设施、供热设施、供电设施、通信设施、消防设施、防洪设施、抗震防灾设施等。黄线的管理应执行《城市黄线管理办法》。在黄线范围内，禁止损坏城市基础设施或影响城市基础设施安全正常运转的行为。

5.产业区块线

产业区块线是指产业用地相对集中区域的范围控制线，包括工业园区和连片的城镇工业用地。产业区块线范围主要用于落实产业功能，应引导产业项目向线内集聚发展。

6.生态公益林保护线

生态公益林保护线是指以保护和改善环境、保持生态平衡、保存物种资源、开展科学实验、森林旅游等需要为主要目的的森林和灌木林的保护范围界线，包括国家级、省级、市县级等生态公益林。在生态公益林范围内，严格控制对公益林的采伐与更新，对公益林的利用以及在公益林范围内开展的工程建设，必须在进行可行性研究的同时进行环境影响评价。

7.矿产开采控制线

矿产开采控制线是指在矿产开采过程中根据不同矿种开发时序的安排，分类协调采矿空间与其他空间而划定的矿产开采范围控制界线。矿产开采应促进矿产资源与经济社会发展、生态环境保护相协调，避免出现环境破坏和资源枯竭等问题。

第四节　国土空间规划实施体系的信息化转型与数字技术导入

一、城市规划对信息技术的需求

随着城市规划价值理念、编制方法和管理模式的重大转变，城市规划领域对规划与管理信息的处理有了更高的要求，具体表现在以下4个方面。

（一）多类型数据的处理与综合

城市规划与管理涉及地理空间要素、资源环境和社会经济等多种类型的数据，包括文字、数字、地图、影像、照片、视频等信息形式。这些数据在时相上是多相的，结构上是多层次的，性质上又有"空间定位"与"属性"

之分；既有以图形为主的矢量数据，又有以遥感图像为源的栅格数据，还有关系型的统计数据。随着城市社会感知大数据技术的发展，海量数据之间的关系变得更为复杂，因此对多种类型数据的处理和综合分析的要求必然大大提高。

(二) 多层次服务对象的满足

城市规划作为城市发展的"龙头"，担负着协调城市社会各阶层利益的重任。要实现城市空间上的社会公正，必须做好城市规划广泛的公众参与。市民、开发商、企业主、政府部门、专家等不同群体对规划信息有不同类别和深度的查询、处理、分析和可视化要求。其中，城市规划师需要对城市各个政府职能部门、企事业单位、居住社区等各种数据进行分析、评价，并对未来发展进行预测。规划管理者需借助建立的规划管理信息系统，根据信息使用对象的不同要求，进行信息提取加工，网上公示。这对规划设计与管理信息处理在服务对象的多层次性上提出了很高的要求。

(三) 时间上的现势性、空间上的高精度

随着我国城市化进程的加快，城市建设日新月异，城市规划也必须加快其更新速度，以适应城市的快速发展。此外，由于弹性规划、滚动规划模式的倡导，规划的制定与修编周期大大缩短。在城市规划编制过程中，城市用地与建筑空间分布现状信息是规划方案设计的基础，必须保持时间上的现势性和空间上的高精度。这是规划科学性和合理性的基本保障。

在空间上，要求提高规划布局图空间定位的精确性。由于现代规划与规划管理结合得更加紧密，规划设计逐渐在摆脱"墙上挂"的窘境，而且从总体规划到详细规划层层深入、互相衔接，最终必须落实到地上，故各种规划图只有达到一定的定位精度才有可能实现规划目标。

(四) 信息管理规范化、智能化和可视化

从规划编制到规划实施的过程中，产生了大量的数据，包括现状的和规划的，而在规划实施后又有了新的现状数据，因而规划信息管理任务日益繁重。如何将规划数据规范化并进行科学的组织与管理是现代城市规划的重

要任务之一。同时，如何与办公自动化实现一体化，实现对信息产品集成可视化处理，以便用户简单、明了地进行使用，亦是规划信息管理亟待解决的问题。最近20年来，随着信息技术的迅猛发展，规划领域在信息管理新技术运用方面走在了时代的前面。OA、DB、MIS、GIS、PSS、VR等软件产品及其应用系统的集成开发已在规划管理部门得到了普及，并发挥了重要作用。

二、城市规划信息化基本特征

(一) 多类型的源数据

城市是一个复杂的巨系统，城市规划信息涉及城市社会的方方面面，其源数据来自不同的单位与部门，有着不同的表现形式，有图像数据(如各种遥感图像)、图形数据(如各种专题地图)和属性数据(如各种统计资料)之分，这就要求信息具有完整性和可靠性。

(二) 多层次的规划成果信息

不同层次的规划对文本、图纸和附件说明的侧重有所不同。趋于宏观的规划侧重于文本部分，趋于微观的规划则强调图件部分，因为前者的意义主要体现在宏观政策方面，后者的价值则主要反映于微观修建方面。一般而言，在区域规划中"重文轻图"，注重政策引导；从总体规划开始逐渐"重图轻文"，视点转移到空间建设上，并且规划做得越细对其空间功能要求越高。这种多层次性要求信息具有一致性和合理性。

(三) 多时相的信息集成

城市的发展是一个漫长的历史过程，在其发展过程中自然会累积不同时期的城市资料。在编制规划之前必须对这些多时相的数据进行集成分析，对其发展轨迹做出恰当的评估、分析与预测。然而，利用当时的现状资料编制规划成果后，在规划实施时又产生了新的现状资料，这就意味着城市的现状资料处于不断更新之中。因此，城市规划信息实际上是多时相信息的集成。为了避免不同时相的资料相混淆，必须要求城市信息具有条理性和明确性。

三、数字城市规划技术实现

(一) 数据采集与处理

数字城市规划所用数据包括矢量数据、栅格数据及属性数据等。

矢量数据主要通过以下渠道获得：①电子数据转换，如通过 AutoCAD、MapGIS 等软件平台转换而来，也可通过已有栅格数据进行矢量转换；②纸质地图矢量化，主要通过对纸质地图扫描进而数字化；③实地勘察获得数据，通过 GPS 定位仪等仪器进行测量，将上述仪器获得的数据通过固定的格式转换为矢量数据。按上述方式采集矢量数据后，都需要将其储存在数据库系统中，目前常用的数据存储系统是基于 ArcGIS 平台的 GeoDatabase（地理数据库）。

栅格数据主要通过以下方式获取：①遥感影像，根据遥感卫星传感器对地监测的图像均以栅格格式储存；②图片扫描获取 (纸介质的地图等扫描)，传统的纸质图片通过扫描仪可以转换成不带空间信息的栅格图像；③矢量数据转换，通过 GIS 平台将获取的矢量数据转换为栅格存储；④由平面上行距、列距固定的点抽样。栅格数据基本运算包括栅格数据的平移、算术组合、布尔逻辑组合、叠置分析以及其他基本运算。

属性数据的管理与应用，目前 GIS 采用的是比较成熟的关系数据库管理系统（RDBMS）。

(二) 空间数据库构建

城市空间数据库设计的过程包括城市坐标体系的建立、城市空间数据结构设计、城市基础地理数据采集、城市规划空间数据库设计与实现 4 个步骤。

城市建筑遥感调查与数据建库的过程主要包括以下 7 个步骤：①卫星影像配准。在 ArcGIS 软件平台中，遥感影像配准基本过程为：设置影像文件空间参考，调入影像栅格图层，调入地形图层，采集控制点，保存配准结果。配准工具主要有 Georeferencing 栅格配准工具条和 Spatial Adjustment 矢量配准工具条。②地块与建筑多边形的数字化。屏幕跟踪矢量化指将栅格数据如遥感影像，作为底图显示在计算机屏幕上，用 GIS 软件使用各种矢量要素图形（点、线、多边形）描绘底图上的地理实体。③地块图层与建筑图层属性结构确定。属性结构的确定取决于数据库结构和数据自身的构成特点等因素。地块的属性字段主要包括 ID、地块面积、建筑总面积和容积率等。④建筑底面积数据的生成。⑤层数数据属性的录入。⑥建筑总面积数据的生成。⑦建筑容积率的生成。

基于 GIS 用地空间数据库建立的过程包括 4 步：遥感影像配准；用地地块多边形勾绘；用地空间数据库设计；用地现状图设计。

（三）空间建模分析

空间分析（SA，Spatial Analysis）是 GIS 的核心，是进行城市用地分类统计与分析的基础。常见的空间分析功能有空间信息量算、空间统计分析、叠置分析、缓冲区分析、网络分析、邻域分析、地统计分析、空间查询等。其中，邻域分析是定性描述空间目标距离关系的重要物理量之一，表示地理空间中两个目标地物距离相近的程度。以距离关系为分析基础的邻近度分析构成了 GIS 空间几何关系分析的一个重要手段，其中缓冲区分析是解决邻域分析问题的空间分析工具之一。叠置分析是指将同一地区、同一比例尺、同一数学基础、不同信息表达的两组或多组专题要素的图形或数据文件进行叠置，根据各类要素与多边形边界的交点或多边形属性建立具有多重属性组合的新图层，叠置分析是 GIS 中最常用的提取空间隐含信息的手段之一。在 ArcGIS 叠置分析工具 Analysis Tools 中，其典型功能有 Identify、Intersect、Union、Update、Spatial Join 等。

数字地形模型（DTM，Digital Terrain Model）是地形表面形态属性信息的数字表达，是带有空间位置特征和地形属性特征的数字描述。DTM 建模可用于土地利用现状的分析、合理规划及洪水险情预报等。不规则三角网模型（TIN，Triangulated Irregular Network）是表示数字高程模型的方法，既减少了规则格网方法带来的数据冗余，同时在计算（如坡度）效率方面又优于纯粹基于等高线的方法。区域生态敏感性分析采用层次分析法和定性描述定量化的方法，建立起一个相对直观、易于理解的分析区域生态系统的适应能力的方法模型。本书将详细介绍生态敏感性模型、城市建设用地适宜性评价

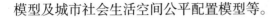

模型及城市社会生活空间公平配置模型等。

(四) 多尺度规划编制支持

城市规划制图空间尺度一般可分为按区域规划、总体规划和详细规划三个层次进行。不同层次的规划所需收集的地形图及其最终成果图的比例尺也不相同。

空间规划体系是以空间资源的合理保护和有效利用为核心，特别强调各种空间要素的实体数据在空间点位、形态和类型特征上的一致性，并以此来保障空间资源 (土地、海洋、生态等) 保护、空间要素统筹、空间结构优化、空间效率提升、空间权利公平等方面的科学合理推进，从而建立"多规融合"模式下的规划编制、实施、管理与监督机制。我国的空间规划体系包括全国、省、市县三个层面。空间系列规划的地理坐标系的统一已成为空间规划信息化的基础。

城市总体规划的方案设计是城市规划编制工作的核心任务，最能体现城乡规划学科的特点。按照城市规划编制的系统化方法，城市总体规划的编制过程可以大致分为 5 个阶段：资料收集和现状调研阶段、规划纲要编制阶段、专家评审阶段、行政评审阶段和上报审批阶段。在资料收集和现状调研阶段，一项重要的工作就是城市现状图的制作。传统的城市现状图一般用 AutoCAD 软件制作。借助 GIS 技术，可以有效地将用地的属性数据 (建筑高度、建筑质量、道路宽度等属性) 和空间数据关联起来，并利用 GIS 分析模块制作现状容积率、现状建筑质量等专题地图。同时，城市规划成果图件必须借助空间分析工具进行 GIS 建库。

控制性详细规划 (简称控规) 是对总体规划的深化。经过法定的审批程序，控规成为受国家法律法规保障的规划管理文件，以规范城市开发行为并保障规划管理的权威性。控规保障了城市开发在规划意图内有序进行，提供修建性详细规划的编制依据或具体城市开发项目的规划条件。控规最常用的技术软件是湘源控规。湘源控规是一套基于 AutoCAD 平台开发的城市控制性详细规划设计辅助软件，适用于城市分区规划、城市控制性详细规划的设计和管理。其主要功能模块包括地形生成及分析、道路系统规划、用地规划、控制指标规划、市政管网设计、总平面图设计、园林绿化设计、土方计算、日照分析、制作图则、制作图库、规划审查等。

修建性详细规划是以城市总体规划、分区规划或控制性详细规划为依据，制订用以指导各项建筑和工程设施的设计和施工的规划设计，是城市详细规划的一种。编制修建性详细规划的主要任务是满足上一层次规划的要求，直接对建设项目做出具体的安排和规划设计，并为下一层次建筑、园林和市政工程设计提供依据。对于当前要进行建设的地区，应当编制修建性详细规划，用以指导各项建筑和工程设施的设计和施工。最常用的软件是 AutoCAD 软件，具体流程包括新建总图文件，引入现状要素，引入上层次规划要素，确定规划范围，绘制道路网，绘制住宅、公建、公共绿地，绘制宅间小路、配套设施和配置植物，以及其他要素绘制等。

其他的规划编制支持软件还包括 AI 等集成技术应用及 PS 等综合技术运用。AI 等集成技术常用于规划分析图设计。规划分析图具有抽象性、综合性、统一性及准确性等特征。按其不同的规划阶段，分为前期分析、过程分析和结论分析三类规划分析图；按其层次及规划内容，可分为城镇体系规划、城市 (镇) 总体规划、详细规划等。AI 与 AutoCAD、PS 兼容，可在 AutoCAD 图形基础上编辑处理，用户可以设计、排版和制作具有精彩视觉效果的图像和文件，主要用于抽象性、矢量感强的分析图绘制。PS 等综合技术常用于规划效果图设计，城市规划常见效果图主要包括各种平面图和部分鸟瞰图，如总体规划中的土地利用总平面图、详细规划中的基地总平面图等，其图面构成元素主要包括路网、建筑和景观，在计算机软件中以点、线、面的形式存储。在 AutoCAD 中完成效果图底稿后，PS 强大的图片美化功能决定了它在后期效果处理中扮演着不可替代的角色，它能对各种效果图做最后的图片编辑和渲染工作。从功能上看，PS 可分为图像编辑、图像合成、校色调色及特效制作等。其中图像合成、校色调色、特效制作等功能，将使 AutoCAD 底稿升华为更具吸引力和辨识度的完整效果图。

(五) 规划管理决策系统

GIS 的功能侧重于解决复杂的空间处理与显示问题，主要有建立数据库、数据库查询、缓冲区分析、空间叠置分析、成果显示输出等应用功能，但 GIS 难以完成复杂空间问题上的决策支持，难以满足决策者的需要。

而 DSS 在对象的空间位置、空间分布等信息上难以表达描述，无法提供空间可视化的决策环境。空间决策支持系统（SDSS，Spatial Decision Support System）是将模型库和模型库管理系统、空间数据库、数据库管理系统相集成，面向空间半结构和非结构问题领域，用以帮助用户对复杂空间问题做出决策。

第三章　国土空间规划之城乡专项规划实践

第一节　城乡生态与绿地系统规划

一、城乡生态系统

(一) 自然与人类文明

在不同的历史阶段，人与自然的关系经历了不同的历史演变过程。人类社会作为自然界的一个生物种群，在自然的发展演化过程中不断地进行着自身组织结构的发展演化，从而不断地适应并利用自然。城市的出现就是这些演化的重要结果之一。

原始社会，人类崇拜和依附于自然。农业文明时期，人类敬畏和利用自然进行生产。工业文明后，人类对自然的控制和支配能力急剧增强，自我意识极度膨胀，开始一味地对自然强取豪夺，从而激化了与自然的矛盾，加剧了与自然的对立，使人类不得不面对资源匮乏、能源短缺、环境污染、气候变化、森林锐减、水土流失、物种减少等严峻的全球性环境问题和生态危机。

经历了近200年的工业文明后，人类积累和创造了农业文明无法比拟的财富，开发和占用自然资源的能力大大提高，人与自然的关系发生了根本性的颠倒，人确立了对自然的主体性地位，而自然则降低为被认识、被改造，甚至是被征服和被掠夺的无生命客体的对象。

(二) 人口与资源

人类的生存和发展离不开资源。近200年来，随着生产力的提高、近代医疗保健的进步和基本生活资料的不断丰富，人口数量明显增多，平均期望寿命明显增长，世界人口总量不断增加、人类生活水平不断提高、人类对资源的开发利用强度越来越高，这些都造成了资源短缺与环境破坏。人口增长对资源和环境具有深刻的影响，成为环境问题的核心，与永续发展息息相关。

人口增长使得人类对能源的需求量迅速增加。能源是指人类取得"能量"的来源，尚未开发出的能源应被称为资源，不能列入能源的范畴，能源的稀缺性是资源的有限性导致的。尽管人类已发现的矿物有 3000 多种，而当前人类大量使用的能源主要是不可再生的化石燃料，如煤炭、石油和天然气等。考虑到科学、技术和市场因素，尽管人类用能效率不断提高，但能源消耗总量仍然呈增长趋势。燃煤由于效率低，将会受到严格的限制，这些传统化石燃料的大量使用是造成当前全球环境问题的主要原因。

土地资源是生态系统中最为宝贵的资源，是人类及其他生物的栖息之地，也是人类生产活动最基本的生产资料与生活资料。随着城市面积不断扩大，耕地面积递减，自然生态系统的修复功能减退。同时大面积的耕作和过度放牧，造成水土流失，使全球每年损失 300 多万公顷的土地，土地荒漠化成为全球最严重的环境危机之一。

水是生命之源。人类对水资源的利用主要是生产、生活和运输用水。由于降水时空分布不均，世界上有 60% 以上的地区缺水。随着人口的增加、城镇化的加速，淡水紧缺已成为当前世界性的生态环境问题之一，并成为社会经济发展和粮食生产的制约因素。

森林和湿地是自然界发挥自净功能的重要组成部分，荒漠化导致水资源、森林和湿地的减少，与此同时，生物多样性也受到严峻的挑战。人类大规模的生产和生活活动，导致了物种减少的速度加快。

(三) 资源与环境

资源，一般是指自然界存在的天然物质财富，或是指一种客观存在的自然物质，地球上和宇宙间的一切自然物质都可称作资源，包括矿藏、地热、土壤、岩石、风雨和阳光等。广义的资源指人类生存发展和享受所需要的一切物质的和非物质的要素。联合国环境规划署（UNEP）对资源下过这样的定义：在一定时间、地点的条件下能够产生经济价值，以提高人类当前和未来福利的自然环境因素和条件的总和。而狭义的资源仅指自然资源。

按资源属性不同，可将资源划分为自然资源和社会资源。自然资源是具有社会有效性和相对稀缺性的自然物质或自然环境的总称，包括土地资源、气候资源、水资源、生物资源、矿产资源等。社会资源是自然资源以外的其他所有资源的总称，是人类劳动的产物，包括人力、智力、信息、技术和管理等资源。

人类为生存和发展会不断地向自然界索取。工业社会以机器动力为主要工具，提供了农业社会无法比拟的动力，以驱动巨大的流水线、交通、通信、贸易，以及整个社会的快速运转。人类一方面掠夺式地从自然环境中获取资源，另一方面又将生产和消费过程中产生的废弃物排放到自然环境中去，加之对不可再生资源的大规模消耗，导致自然资源的渐趋枯竭和生态环境的日益恶化。人与自然的关系完全对立起来，气候变暖、海平面上升、臭氧层损耗、酸雨蔓延等全球性环境问题与大量开采、大量运输、大量生产、大量消耗和大量废弃的资源消耗的线性模式有关。

据专家预测，至 21 世纪中叶，全球能源消耗量将是目前水平的两倍以上。如果按照目前全球人口增长及城镇化发展的速度，以及所消耗的自然资源的速度来推算，未来人类对自然资源的"透支"程度将每年增加 20%。这意味着，到 21 世纪中叶，人类所要消耗的资源量将是地球资源潜力的 1.8 ~ 2.2 倍。也就是说，到那时需要两个地球才能满足人类对于自然资源的需要。

(四) 城镇化与资源和环境

城市是人类文明的产物，也是人类利用和改造自然的体现。从 18 世纪的工业革命开始，大规模的集中生产和消费活动促进了人口的聚集，现代化的交通和基础设施建设加快了城镇化的进程，城市数量和规模迅猛发展。

城镇化可以促进经济的繁荣和社会的进步。城镇化能集约利用土地，提高能源利用效率，促进教育、就业、健康和社会各项事业的发展。同时，城镇化不可避免地影响了自然生态环境，造成维持自然生态系统的土地面积和天然矿产的减少，并使之在很大区域内发生了持续的变化，甚至消失，使自然环境朝着人工环境演化，致使生物种群减少、结构单一，生物与人的生物量比值不断降低，生态平衡破坏，自然修复能力下降，生态服务功能衰退。

从城市自身发展来看，人口密集、资源大量消耗、城市生活环境恶化，不仅提高了城市的生活成本，也使城市自身发展失去活力。城市产生和排放的大量有害气体、污水、废弃物，加剧了城市地区微气候的变化和热岛效应，使城市的自然生态环境受损，危及人类健康，提高了改善环境的投资和医疗费用等。此外，大量的物质消耗造成了各种自然资源的短缺，加重了城市的负担，加剧了城市的生态风险，对城市的永续发展形成了制约。

(五) 生态系统

生态系统是指由生物群落与无机环境构成的统一整体。生态系统的范围可大可小，相互交错。最大的生态系统是生物圈，地球上有生命存在的地方均属生物圈，生物的生命活动促进了能量流动和物质循环，并引起生物的生命活动发生变化。生物要从环境中取得必需的能量和物质，就得适应环境，环境发生了变化，又反过来推动生物的适应性发生变化，这种反作用促进了整个生物界持续不断的变化。而人类只是生物圈中的一员，主要生活在以城乡为主的人工生态环境中。

生态系统是一个开放的系统，是一定空间内生物和非生物成分通过物质循环、能量流动和信息交换而相互作用和依存所构成的生态功能单位。许多物质在生态系统中不断循环，其中碳循环与全球气候变化密切相关。

城市作为一种人口高度集中、物质和能量高度密集的生态系统，一方面极大地推动了人类经济和社会的发展，另一方面也对城市及其周围的自然环境产生了不利的影响，甚至殃及整个生物圈的结构和功能。因此，了解和研究城市生态系统的结构和功能特点，对于协调人与自然的关系，实现人类经济和社会的永续发展，具有非常重要的意义。

(六) 生态规划的原则

1.整体性原则

在进行城市生态规划时必须遵循整体性原则，绝不可单独考虑某一个子系统或系统内某一组分，必须从生态系统的整体考虑城市总体规划与设计，局部利益要服从整体利益，短期利益要服从长远利益，推进各个子系统协调发展，使城市生态系统整体协调、健康、持续发展。

2. 生态性原则

在城市规划过程中，通过衡量环境承载能力，合理利用自然条件，根据城市发展规划因地制宜，加大城市绿化面积，优化水资源，减少噪声污染，着重保护自然环境和生态平衡。

3. 经济性原则

生态化城市规划既能促进经济增长，又能在一定程度上使数量和质量增加，并在原有城市发展的基础上，推动经济发展。生态环境的经济性需要是减轻对人类健康和环境的危害，提高资源的再生和综合利用率。改进生产技术和生产工艺、使用清洁能源和高效率的设备、改善管理维护的方法都是促进城市经济增长的办法。

4. 可持续性原则

从长远来看，生态城市规划是实现未来发展的目标，考虑到现在整个城市的生态平衡性和完整性，兼顾历史和原有城市本色，在发展过程中，应不破坏原有生态系统，整体为城市规划需求服务。科学合理地设计和规划生态城市，能满足人们生活和精神需要，充分体验城市整体功能，经过全方位调查和研究，结合城市生态系统的具体情况，从以前单一的绿化变为注重人们对居住环境的感受和注重城市建筑实用性、美观性。

二、城市绿地系统布局规划

(一) 城市绿地系统布局结构的基本模式

布局结构是城市绿地系统的内在结构和外在表现的综合体现。在城市生态绿地系统中合理布局绿地结构，不仅可以最大限度地发挥绿地生态功能，而且对维护城市生态平衡，完善城市功能有着不可代替的作用。常见的绿地系统布局有点状、环状、放射状、放射环状、网状、楔状、带状、指状等基本模式。

(二) 城市绿地系统布局的原则

城市绿地系统规划布局应考虑以下原则：应结合城市其他组成部分的

规划，综合考虑，全面安排；必须结合当地特点，因地制宜，从实际出发；应均衡分布，比例合理，满足全市居民休息游览的要求；既要有远景的目标，也要有近期的安排，做到远近结合；城市园林绿地系统规划与建设、经营管理，要在发挥其综合功能的前提下，注意结合生产，为社会创造物质财富。

(三) 市域绿地系统规划

1. 绿地组成

市域绿地系统包括市域内的林地、公路绿化、农田林网、风景名胜区、水源保护区、郊野公园、森林公园、自然保护区、湿地、垃圾填埋场恢复绿地、城市绿化隔离带及城镇绿化用地等。其主要包括耕地、园地、林地、牧草地、水域和湿地及未利用土地。

(1) 耕地

耕地指种植农作物的土地，包括新开荒地、休闲地、轮歇地、草田轮作地；以种植农作物为主，间有零星果树、桑树或其他树木的土地；耕种三年以上的滩地和海涂。

(2) 园地

园地是指种植以采集果、叶、根茎等为主的集约经营的多年生木本和草本作物，覆盖度大于50%或每亩株数大于合理株数的70%的土地，包括果树苗圃等用地。园地包括果园、桑园、茶园、橡胶园和其他园地。

(3) 林地

林地是指生长乔木、竹类、灌木、沿海红树林的土地，不包括居民绿化用地，以及铁路、公路、河流沟渠的护路、护草林。

(4) 牧草地

牧草地是指生长草本植物为主，用于畜牧业的土地。草本植被覆盖度一般在15%以上，干旱地区在5%以上，树木郁闭度在10%以下，用于牧业的均划为牧草地，包括以牧为主的疏林、灌木草地。

(5) 水域和湿地

水域是指陆地水域和水利设施用地，不包括泄洪区和垦殖三年以上的滩地、海涂中的耕地、林地、居民点、道路等。陆地水域包括江河、湖泊、池塘、水库、沼泽、沿海滩涂等。

（6）未利用土地

未利用土地主要是指难利用的土地。它包括荒草地、盐碱地、沼泽地、沙地、裸土地、裸岩石砾地、田坎和其他等八类用地。未利用地一般需要治理才能利用或可持续利用。

2. 规划内容

市域绿地系统规划需要统一考虑城市各类绿地的布局，保护和合理利用城市依托的自然环境，将城乡部分农用地（如耕地、园地、林地、牧草地、水域）、居民点及工矿用地、道路交通和未利用地（如荒草地、盐碱地、沼泽地、沙地、裸土地、裸岩、石砾地、田坎、其他）纳入规划之中。在编制城市市域绿地系统规划时，应综合考虑以下原则。

第一，整合系统，建构城乡融合的生态绿地网络系统，优化城市空间布局。以"开敞空间优先"的原则规划城市绿地系统，完善城市功能，适应城市产业的空间调整和功能的转变，结合重要基础设施建设，保护和完善城市生态环境质量，促进城市空间的优化发展，提高城市综合功能。

第二，以生态优先和可持续发展为前提，充分保护和合理利用自然资源，维护区域生态环境的平衡。我国地域辽阔，地区性强，城市之间的自然条件差异很大。规划应根据城市生态适宜性要求，结合城市周围自然环境，充分发挥城郊绿化的生态环境效益。

第三，加强对生态敏感区的控制和管理，形成良好的市域生态结构；改善并严格控制城市生态保护区，加强环境保护工作，整治大气、水体、噪声、固体废物污染源，做好污水、固体废物、危险品及危险装置的处理和防护工作。

第四，保护有历史意义、文化艺术和科学价值的文物古迹、历史建筑和历史街区，建设具有地域特色的绿地环境。

第五，加强不同管理部门间的合作，确保市域绿地系统规划的实施。

（四）公园绿地规划

公园绿地的选择主要考虑以下几个方面：应选用各种现有公园、苗圃等绿地或现有林地、树丛等加以扩建、充实、提高或改造，增加必要的服务设施，不断提高园林艺术水平，适应改革开放与人民群众的需要；要充分选择河、湖所在地，利用河流两岸、湖泊的外围创造带状、环状的公园绿地；充分利用地下水位高、地形起伏大等不适宜于建筑而适宜绿化的地段，创造丰富多彩的园林景色。

可以选择名胜古迹、革命遗址，配植绿化树木，既能显出城市绿化特色，又能起到教育广大群众的作用；或者结合旧城改造，在旧城建筑密度过高地段；有计划地拆除部分劣质建筑，规划、建设绿地、花园，以改善环境。

充分利用街头小块地，"见缝插绿"开辟多种小型公园，方便居民就近休息赏景。

(五) 生产绿地规划

1. 生产绿地组成

生产绿地作为城市绿化的生产基地，其重要职能是加强苗圃、花圃、草圃等基地建设，通过园林植物的引种、育种工作，培育适应当地条件的具有特性、抗性的优良品种，满足城市绿化建设需要，保护城市生物多样性。

由于它一般占地面积较大，受土地市场影响，现在易被置换到郊区。城市生产绿地规划总面积应占城市建成区面积的2%以上，苗木自给率应满足城市各项绿化美化工程所用苗木的80%以上。

当前，不管是否为园林部门所属，只要是为城市绿化服务，能为城市提供苗木、花卉、草皮和种子的各类圃地，均应作为园林生产绿地。

2. 生产绿地的用地选择与布局

苗圃、花圃等生产绿地一般应布置在城市近郊，要求土壤及灌溉条件较好，以利于培育及节约投资费用。

大城市的园林苗圃应比较均匀地分布在市区周围，以便就近出圃，缩短运输距离，提高苗圃成活率。

生产绿地的布局应综合考虑城市绿地系统规划中近期建设与远期建设发展的结合，远期要建立公园、植物园、动物园等的绿地，均可作为近期的生产绿地，这类生产绿地的设置既可充分利用土地、就地育苗，又可熟化土地、改善环境，为远期的建设创造有利条件。

园林苗圃的规模一般按其用地性质划分，大型苗圃面积为20hm²以上，中型苗圃面积在3~20hm²，小型苗圃面积在3hm²以下。各城市应该依据实际情况和需要，大、中、小苗圃相结合，合理布局，为城市园林绿化提供优质苗木。

(六) 防护绿地规划

城市防护绿地的布局与结构规划应遵循整体性原则，在进行防护绿地布局、结构的规划时必须使防护对象和防护绿地联系起来，组成一个层次分明的整体。具体来说，防风林应选城市外围上风向与主导风向位置垂直的地方，以利于阻挡风沙对城市的侵袭；卫生防护林按工厂有害气体、噪声等对环境影响程度不同，选定有关地段设置不同防护林带；农田防护林选择在农田附近、利于防风的地带营造林网，形成长方形的网格 (长边与风向垂直)；水土保持林带选河岸、山腰、坡地等地带种植树林，固土、护坡、涵蓄水源，减少地面径流，防止水土流失。

(七) 附属绿地规划

附属绿地规划主要通过对不同用地类型和不同单位提出的不同绿地率规划指标来控制，作为各单位搞好附属绿地规划与建设的指导性标准。

根据《城市绿化规划建设指标的规定》以及功能需求、环境要求、用地条件，一般情况下，新建居住区绿地占居住区总用地比率不低于30%，单位附属绿地面积占单位总用地面积比率不低于30%，其中工业企业、交通枢纽、仓储、商业中心等绿地率不低于20%；产生有害气体及污染工厂的绿地率不低于30%，并根据国家标准设立不少于50m的防护林带；学校、医院、疗养院所、机关团体、公共文化设施部队等单位的绿地率不低于35%。

第二节　城乡居住区规划

一、居住区规划设计的基本原则

居住区规划设计应坚持"以人为本"的思想，建立居住区内各用地功能同步运转的正常秩序，以求社会、经济、环境三个效益的综合统一及可持续发展。

(一) 宜居性与健康性原则

居住区规划的核心是宜居性原则，要求按照人的居住生活和社会生活需要以及心理、生理特征进行规划设计，创造人性化的空间和文明的居住环境，使居民生活的空间获得归属感和舒适感，使居民生活环境达到方便、舒适、安全、卫生、优美的要求。在满足住宅建设基本要素的基础上，提升健康要素，保障居住者生理、心理、道德和社会适应等多层次的健康需求，为老年人、残疾人的生活和社会活动提供条件，即满足居住物质环境和社会环境的健康性。

(二) 生态与经济性原则

尊重保护自然与人文环境，合理开发和利用土地资源，节地、节水、节能、节材，建设人与环境有机融合的可持续发展的居住区。综合考虑所在城市的性质、社会经济、气候、民族、习俗和传统风貌等地方特点和规划用地周围的环境条件，充分利用规划用地内有保留价值的河湖水域、地形地物、植被、道路、建筑物与构筑物等，并将其纳入规划，注重节地、节能、节材、节省维护费用等，为工业化生产、机械化施工和建筑群体、空间环境多样化、商品化经营、社会化管理及分期实施创造条件。

(三) 地域文化与时代性原则

要在传承民族和地区传统文化、创建社区文化方面，突出居住区的文化品位，形成强烈的个性，造就社区特征。突出地方性特征，就是反映当地的气候、地理条件特点，以及居民的生活习惯、建筑材料和历史文脉等因素。在研究地方性的同时，既要继承又要创新，强调时代性。

(四) 整体性与多样性原则

整体性的要求包括要符合城市总体规划和控制性详细规划的要求，统一规划、合理布局、因地制宜、综合开发、配套建设。将居住区放到城市的层面考虑它的组织结构、布局结构和空间结构的整体性，并从营造生活环境的角度去考虑满足居民各种需要的多样性。

二、住宅及其用地规划

居住建筑及其群体空间设计是居住区规划设计的主要内容，应综合考虑当地的用地条件、住宅的类型选择、朝向、间距、层数与密度、绿地、群体组合和空间环境等因素。

（一）住宅建筑的类型及特点

现代住宅按使用对象不同分为两大类，一类是供以家庭为居住单位的建筑，一般称为住宅；另一类是供单身人居住的建筑，如学校的学生、工矿企业的单身职工等居住的建筑，一般称为单身宿舍或宿舍。

第一类以套为基本组成单位的住宅建筑主要有表 3-1 所示的几种类型。

表 3-1　以套为基本组成单位的住宅类型

编号	住宅类型	用地特点
1 2 3	独院式 并联式 联排式	每户一般都有独用院落，层数 1～3 层，占地较多
4 5 6	梯间式 内廊式 外廊式	一般都用于多层和高层，特别是梯间式用得较多
7	内天井式	是第 4、5 类型住宅的变化形式，由于增加了内天井，住宅进深加大，对节约用地有利，一般多见于层数较低的多层住宅
8	点式（塔式）	是第 4 类型住宅独立式单元的变化形式，适用于多层和高层住宅。其形体短而活泼，具有布置灵活和能丰富群体空间组合的特点，但有些套型的日照条件可能较差
9	跃廊式	是第 5、6 类型的变化形式，一般用于高层住宅

（二）住宅建筑经济和用地经济的关系

1. 住宅层数

在我国小城镇住宅多采用低层，因为低层住宅可采用地方材料，而且结构简单，故造价可低于多层住宅。从住宅用地的经济来分析，提高层数能节约用地，国内外经验都认为 6 层住宅比较经济，因此得到广泛的应用。我国从 20 世纪 70 年代起开始在一些大城市建造高层住宅，虽然高层住宅造价远高于多层，但是在现在城市土地紧缺的国情下效果显著。

2. 住宅进深

住宅进深加大，外墙相对缩短，对于采暖地区外墙需要加厚的情况下经济效果更好。住宅进深 11 m 以下，每增加 1 m，每公顷可增加建筑面积 1000 ㎡ 左右；11m 以上效果不明显。

3. 住宅长度

住宅长度直接影响建筑造价，因为住宅单元拼接越长，山墙也就越省。住宅长度在 30~60m 时，每增长 10m，每公顷可增加建筑面积 700~1000㎡；在 60m 以上时效果不显著。根据分析，四单元长的住宅比二单元长的住宅每平方米居住面积造价省 2.5%~3%，采暖费省 10%~21%。但住宅长度不宜过长，过长就需要增加伸缩缝和防火墙等，且对通风和抗震也不利。

住宅层高对住宅的投资影响较大，如层高每降低 0.1m，能降低造价 1%，节约用地 2%。但是为了保证住宅室内的舒适要求，住宅起居室、卧室的净高一般不应低于 2.5m。

4. 建筑节能

建筑节能是通过降低"建筑能耗"和"使用能耗"的总能耗量而取得的。在寒冷地区，用于房屋采暖的能耗占使用能耗中的大部分。降低采暖能耗是建筑节能中的重点，"节能型建筑"应是建筑设计的重中之重。小区节能可采用以下手段，如房屋进深加大、层高降低、南向开窗面积扩大、北向窗户缩小等。

（三）居住建筑群平面布置基本形式

1. 行列式

行列式是指建筑按一定朝向和合理间距成排布置的形式。这种布置形式能使绝大多数居室获得良好的日照和通风，是各地广泛采用的一种方式。但如果处理不好，就会造成单调、呆板的感觉，容易产生穿越交通的干扰。为了避免以上缺点，在规划布置时常采用山墙错落、单元错开拼接以及用矮墙分隔等手法。

2. 周边式

住宅沿街坊或院落周边布置，形成封闭或半封闭的内院空间，院内安静、安全、方便，有利于布置室外活动场地、小块公共绿地和小型公建等居民交往场所，一般比较适合于寒冷、多风沙地区。但是这种布置形式有相当一部分居室的朝向较差，因此对于炎热地区很难适应，有的还采用转角建筑单元，使结构、施工较为复杂，不利于抗震，而且造价会增加。另外，对于地形起伏较大的地区也会造成土石方工程较大。周边式布置主要有单周边、双周边、自由周边等布置手法。

3. 混合式

混合式为以上两种形式的结合，最常见的往往以行列式为主，以少量住宅或公共建筑沿道路或院落周边布置，形成半开敞式院落。

4. 自由式

建筑结合地形，在照顾日照、通风等要求的前提下，成组自由灵活地布置。

以上四种基本布置形式并不包括住宅建筑布置的所有形式，而且也不可能一一列举所有的形式。任何一种形式都是在特定的条件下产生的，在进行规划布置时，避免以形式出发，应根据具体情况，因地制宜地创造不同的布置形式。

(四) 居住建筑群体组合的相关问题

1. 日照间距

住宅日照标准是用来控制日照是否满足户内居住条件的技术标准，是按照在某一规定的时日住宅底层房间获得满窗口连续日照时间不低于某一规定的时间来制定的。住宅群体争取日照和减少西晒的规划设计措施主要通过建筑的不同组合方式以及利用地形和绿化等手段。在山地还可利用南向坡地缩小日照间距。

根据住宅的朝向方位，日照间距又分标准日照间距和不同方位日照间距。标准日照间距是指当地正南向住宅，满足日照标准的正面间距。当住宅正面偏离正南方向时，其日照间距为不同方位日照间距，计算时以标准日照间距进行折减换算。标准日照间距的计算，一般以农历冬至日正午太阳能照射到住宅底层窗台的高度为依据。

2. 朝向

住宅建筑的朝向是指主要居室的朝向。在南方炎热地区，除了争取冬季日照外，还要在夏季防止西晒和有利于通风；在北方寒冷地区，夏季西晒不是主要问题，而是在冬季获得必要的日照，所以住宅居室避免朝北。

3. 通风

我国大部分地区夏、冬两季的主导风向大致相反，因而在解决居住区的通风、防风要求时，一般不至于矛盾。提高住宅群体的自然通风效果的规划设计措施主要是妥善安排城市和居住区的规划布局，进行建筑群体的不同组合，以及充分地利用地形和绿化等条件。

与建筑自然通风效果相关的因素有：①建筑的高度、进深、长度、外形和迎风方位；②建筑群体的间距、排列组合方式和迎风方位；③住宅区的合理选址及住宅区道路、绿地、水面的合理布局。成片成丛的绿化布置可以阻挡或引导气流，改变建筑组群气流流动的状况。

4. 噪声的防治

居住区的噪声主要来自三个方面：交通噪声、人群活动噪声和工业生产噪声。防治噪声最根本的办法是控制声源，如在工业生产中改进设备，降低噪声强度；在城市交通方面，主要是改进交通工具。此外，通过城市和居住区总体的合理布局、建筑群体的不同组合及利用绿化和地形等条件，亦有利于防止噪声。

第三节　城乡文化遗产保护与旅游开发规划

一、城乡文化遗产的概念与特性

(一) 文化遗产的概念与分类

"遗产（heritage）"一词大约产生于20世纪70年代的欧洲，其含义与"继承（inheritance）"紧密相连，通常指从祖先继承下来的东西。从20世纪80年代中期开始，"遗产"的含义开始被不断引申，地方文脉、历史人物等都被认作是一种遗产，并越来越多地被用于商业领域。20 世纪 80 年代晚期，一些民间艺术、民族建筑风格就被认为是遗产，遗产进入大众化阶段。

总的看来，遗产的概念从"祖辈传下来的"发展到"与个性概念密切相关的"象征性遗产，从物质遗产向非物质遗产发展，从国有遗产向社会、民族和社区拥有的遗产发展。换言之，遗产的概念经历了从"特殊的"遗产系统走向"一般的"遗产系统，从作为历史的遗产时代走向了作为纪念的遗产时代的过程。

欧洲将遗产分为自然遗产（nature heritage）、文物古迹遗产（built heritage）、文化遗产（culture heritage）与风景遗产（landscape heritage），并制定了相关的政策。

1. 文化遗产的概念

文化遗产是代表国家、民族历史发展的轨迹与人民生活的记忆，并足以留传给子孙后代的财产，是城市发展历程的见证和普通市民的集体记忆，是不可再生的文化资源。联合国教科文组织大会第十七届会议通过的《世界文化和自然遗产保护公约》第一章规定，凡属于下列内容之一者，可列为文化遗产：

（1）文物

凡从历史学、艺术性或科学性观点而论，具有突出普遍价值的建筑物，具有历史纪念含义的雕刻和绘画，具有考古价值的古迹残部或依存结构、铭文、洞穴住区和各类文物的遗迹群综合体。

（2）建筑群

从历史学、艺术性或科学性观点而论，具有突出普遍价值的单独或相互关联的建筑群，其建筑形式及其在景观中的地位具有同一性。

（3）遗址（名胜地）

从历史学、美学、人种学或人类学角度而论，具有突出普遍价值的人为（人造）工程或自然与人工结合的复合工程，以及保留有古迹、古遗址的地区。

2. 物质文化遗产与非物质文化遗产

《关于加强文化遗产保护的通知》将文化遗产划分为物质文化遗产和非物质文化遗产，并对其概念做出了详细解释。物质文化遗产是具有历史、艺术和科学价值的文物，包括古遗址、古墓葬、古建筑、石窟寺、石刻、壁画、近代现代重要史迹及代表性建筑等不可移动文物，历史上各时代的重要实物、艺术品、文献、手稿、图书资料等可移动文物，以及在建筑式样、分布均匀或与环境景色结合方面具有突出普遍价值的历史文化名城（街区、村镇）。

非物质文化遗产指的是各种以非物质形态存在的、与人民群众生活密切相关的、世代承袭的传统文化及表现形式，是被各个群体或个人视为其文化财富的重要组成部分，包括各种社会活动、生产生活经验、表演艺术、各种手工艺技能，以及在表演、讲述、实施这些技艺或技能的过程中所使用的各种实物、工具、制成品及相关场所等。

（二）城乡文化遗产的概念与构成

本书的"城乡文化遗产"主要是指文化遗产中的物质文化遗产中的不可移动部分，在"城乡文化遗产"的大概念中，规划师和建筑师保护工作的范围和对象主要是古往今来的城乡建成空间遗产，英文叫"built heritage"或"historic artifacts"。为方便起见，下面提到的文化遗产等同于城乡文化遗产。另外，由于城市和乡村拥有不同的地域文化和地域景观，文化遗产保护的内容、类别等不尽相同，故本书将城乡文化遗产分为城市文化遗产和乡村文化遗产两类。

1. 城市文化遗产

城市文化遗产，就是指文物古迹、历史建筑、历史街区及历史城镇等，或者说是具有文化意义的建成环境遗产，它展示了一个城市的历史、文明和特色。城市文化遗产有广义和狭义之分。广义的城市文化遗产包括在城市行政辖区范围的所有文化遗产（有形的和无形的、列入保护的和未列入保护的）和自然遗产（风景名胜区、自然景观等）；狭义的城市文化遗产一般包括历史建筑及其周边环境；城市内的历史地段，如历史中心区、历史街区、工业遗产地段等；历史城区，包含公共空间、街巷肌理等在内的历史性建成环境。

2. 乡村文化遗产

乡村文化遗产是人类与乡村环境和传统农业社会长期共同作用的产物，具有明显的世代延续特征和鲜明的地域特色，在形态上包括农业生产遗产和

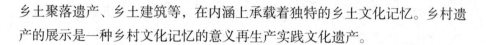

乡土聚落遗产、乡土建筑等，在内涵上承载着独特的乡土文化记忆。乡村遗产的展示是一种乡村文化记忆的意义再生产实践文化遗产。

（三）城乡文化遗产的特性

1. 共有性

随着国与国之间文化交流的日益频繁，文化共融、文化共享已是全人类的主题，文化遗产是属于公众的，也就是指一个消费者对它的消费不能同时拒绝其他人对它的消费。从根本意义上说，广大民众既是这些珍贵文化遗产的创造者，也是文化遗产的传承者，是文化遗产的第一主人。文化遗产是属于全社会的共有财产，是历史文化的积淀，也是民族精神的延续，所以它的传承及可持续发展需要全社会的共同努力。

2. 传承性

能够使我们祖先创造的文明成果完好无损地、世世代代地传承下去，是每个时代的责任。这里的传承有两方面的含义：一方面是对于作为文化遗产实体的保护性传承，另一方面就是对物质遗产所承载的文化讯息的精神传承。二者相辅相成，缺一不可。传承性是物质文化遗产的内在动力，这就要求我们在城市建设、社会发展的同时，保护遗产资源，传播文化积淀。文化遗产的传承性是保护物质文化遗产的关键所在，一旦失去，物质文化遗产的灵魂将不复存在。

3. 稀缺性

文化遗产具有不可再生性、不可替代性，若是从整个人类文明发展史来看，文化遗产的现实存量是很少的，今日留存的那一部分也总受到诸多方面的威胁和破坏，会随着时间的推移越来越少。我们总是容易以我们国家丰富的文化遗产为骄傲的资本，但是如果考虑到几千年没有中断的中华文明和十几亿的人口基数，就可以清楚地看出我们今日留存的文化遗产并不是那么乐观。

4. 整体性

一方面文化遗产自身组成部分和构成是一个系统的整体，另一方面文化遗产又总是产生发展于特定的自然历史环境中，与所处自然及社会文化环境构成一个不可分割的整体。

(四) 保护城乡文化遗产的紧迫性

文化遗产是人类智慧的结晶，它直观地反映了人类社会发展的这一重要过程，是我们社会发展不可或缺的物证。文化遗产具有不可再生性、不可替代性、稀缺性、整体性的特性，同时又有历史的、社会的、经济的和审美的价值。因此，文化遗产的保护具有重要的意义，保护文化遗产就是保护人类文化的传承，培植社会文化的根基，维护文化的多样性和创造性，保护社会不断向前发展。而推动城乡文化遗产的保护，形成无法取代的地方特色、技术和产业，是回应全球化的最佳方式。中国的城乡文化遗产的品质和丰富性是我们的财富，但目前文化遗产的现状却不容乐观。我国的城乡文化遗产保护已经成为亟待解决的问题，城乡文化遗产保护将选择怎样的发展之路呢？

二、城乡文化遗产的保护

(一) 城乡文化遗产保护的原则

城乡文化遗产已深化和丰富了《威尼斯宪章》中围绕"历史古迹（monument）"概念展开的遗产界定方式，遗产保护从注重历史古迹保护转向对历史古迹及其整体的文化环境、网络与生态的保护延续，开始由最初的"原真性""法律性"等特性延伸并关注文化遗产保护的"区域性""文化生态性""战略性""可持续性"等特性。

1. 原真性原则

文化遗产的根本特点是它的不可再生性，一旦失去便永远失去。任何复制品都不可能具有原有的价值。

原真性是国际公认的文化遗产评估、保护和监控的基本因素。随着中国越来越多地参与国际文化遗产保护的合作与交流中，原真性概念及原则对促进中国文化遗产保护的理论和实践的发展具有重要的意义。一方面，在中国文化遗产保护中贯彻原真性的原则，有助于我们提高对文化遗产价值的认识，改进保护的理论和实践；另一方面，中国也必须在符合国际保护理论精神的基础上，发展出符合中国国情和文化特征的保护理论和方法。文物古迹是中国文化遗产保护的主要对象，保护的目的是真实、全面地保存并延续其历史信息及全部价值。保护的任务是通过技术和管理的措施，修缮自然力和人为造成的损伤，制止新的破坏。所有保护措施都必须遵守不改变文物原状的原则。

2. 法律性原则

保护规划其实就是对城乡遗产本体及其历史环境发生人为改变的强制性管控。无论大小和多少，变化是必然的，但底线设置也是必需的，保护规划就是设置管控变化的底线，而且必须具有法律效应才能真正算数。好的有实际价值的保护规划，一定要针对不同的保护层面，有一套既严格又灵活的价值观导向和管控纲领。早在20世纪50年代，上海就以学术研究为先导，开始着手进行有关城市建筑历史的"三史"(古代史、近代史和现代史)调查工作，并率先提出保护名单、颁布相关保护法规。长期以来，国家十分重视历史建筑和历史地区的保护工作，如今的上海成功地保护了城市历史风貌，提升了城市品位，弘扬了都市文化，塑造了城市精神，进一步凸显了上海历史文化名城与现代化国际大都市相互交融的独特魅力。取得的这些成绩都与其建立并逐步完善了严格的城市历史文化遗产保护管理制度有着紧密相连的关系。

3. 区域性原则

有关城乡文化遗产的保护，已成为非常紧迫的问题，不仅仅是对物质空间的保护，更多的是对中国文化根基的保护，如在皖南，面对的是整个区域性的历史资源保护课题。以前很多的规划针对的是名城、名镇、名村，提出区域性的概念，是希望在地域上打破现有的行政边界，更多考虑历史文化的关联性。在整个区域里，无论是物质的还是非物质的，不同类型的遗产，不管是已经列入还是没有被列入的文化遗产，都应该被平等看待。我们需要认识到，历史文化资源是相互联系的，点状的资源通过血缘的关系、家族的关系、产业的关系、交通的关系等形成一个网络，构成了这个区域的文化特质。比如，乡村遗产保护和乡村规划应该有更多的交流和协作，把原来孤立的、隔离的、静态的历史文化资源看作有机的生命体，与所在区域进行良性互动，激发其生命活力。

4. 文化生态性原则

由于城乡文化遗产概念逐渐拓展到文化与自然之间的相互作用及其影响，强调文化遗产与人、自然环境、社会环境是密切相关的统一整体，过去注重单一空间保护的遗产保护规划编制方法、思路与技术体系难以适应这一发展变化。因此，需要借助文化人类学、文化生态学等多学科视野，突破单一空间保护概念，加深对文化遗产的理解和认知，在认知方法、价值评估、规划方法上做出相应的拓展与改变，并依据系统保护的观点与方法，加强保护内容的关联性和整体性。

文化生态保护区的规划为突破传统单一空间保护概念，避免孤立和片面的保护，走向整体保护提供了一种新的思路和新的探索。文化生态保护区作为一种特定的保护空间地域，历史文化积淀丰厚、存续状态良好，既具有重要的价值和鲜明的文化形态，又有非物质文化遗产的传承人或传承群体，以及与之相关的文化生态环境，是文化生态系统、社会生态系统和自然生态系统融合的有机整体。其建设目标强调以保护非物质文化遗产为核心，对具有重要价值和鲜明特色的文化形态进行一体化保护，将有形的物质文化遗产如古建筑、历史街区与村镇、传统民居及其他历史遗迹等，与无形的非物质文化遗产如口头传说、传统表演艺术、民俗活动、礼仪、节庆、传统手工技艺等，以及这些文化遗产所赖以存续的自然环境实施立体的、多层次的整体性保护。

5. 战略性原则

遗产保护应该渗透城乡发展战略的所有发展方向上，建立一种遗产资源的概念，促使遗产保护融入城市发展的大战略和大格局中。需要有顶层设计来掌控遗产保护在城乡发展大战略中的价值，需要一种管理机制，把过去保护与发展"两张皮"的状况整合起来，这对遗产保护融入城市发展战略中非常有好处。

遗产保护首先是价值判断的问题，遗产的生成与发展本身就是社会、经济与文化过程中人们不断选择的结果。如果所有的规划师、建筑师都具备文化认同的意识和文化传承的观念，那么遗产保护的目标就能够更好地与城市发展的目标融为一体。所谓"存量规划"落实到专业和技术层面，有两个发展方面值得关注：一是以文化为导向的规划设计；二是以资源为导向的规划设计。如果所有规划设计都能够落实到这两个层面上，那么遗产保护压力自然也会减小很多。例如，南京历史文化名城保护规划，遗产保护应该渗透城乡发展战略的所有发展方向上。

6. 永续性原则

永续性原则要求对城乡文化遗产的长期性与连续性有一个深刻的认知。

永续性原则要求，不仅仅是对城乡文化遗产进行简单的静态保护，而是伴随文化遗产价值的动态提升，将其作为一种长期的、综合的社会事业。永续性原则不仅强调环境与土地资源、能源结构与利用效果、生产模式与消费模式等的强制性节制，更强调城乡文化遗产内在运作机制的永续性和城乡建设的人性化。城乡文化遗产的长期性与连续性，是接连出现的文化和现有文化所创造的价值在历史上的层层积淀以及传统和经验的累积，因此永续性原则强调的不仅仅是单纯文物古迹的保护，还更多地立足于对城乡自然环境、历史变迁轨迹及遗产层积性的尊重与保护。其最终目标是达到不断地认识并充分利用"自然—经济—社会"复合系统中的现有资源，不断丰富城乡文化内涵。

(二) 城乡文化遗产保护的策略

1. 加强立法保护

首先，完善的法律法规体系是文化遗产保护的前提条件，在文化遗产立法方面，要不断完善遗产保护的法律体系，既有保护管理的综合法，又有针对具体遗产地保护的专项法；其次，法律法规中要具有可操作性强的具体条款；最后，要提高社会各界参与立法的积极性，法律法规草案要向全社会公布，鼓励并吸引民众参与，征求意见建议，增强全社会的保护责任和意识。

2. 理顺发展体制

职能交叉、条块分割、多头管理的体制问题，会导致互相扯皮，有利大家争、无利没人管的情况。这些问题的本质是国家、部门和地方之间的利益冲突。因此，文化遗产地应考虑建立合作机构来实施管理，将遗产地的利益相关者全部纳入，包括当地政府、景区管理部门、旅游产业、社区、研究机构等方面的代表，明确机构的地位、作用，以及各利益相关者的不同分工和责任义务，并建立激励机制。

3.拓宽投入机制

可在以下几方面创新拓宽投入机制：一是设立文化遗产保护资金，继续加大财政资金的投入；二是通过给予税收优惠、投资冠名权、征收文化遗产资源税、建立基金会等手段鼓励和吸引社会资本参与开发保护；三是探索以遗产彩票发行的方式募集资金，或将一定比例的公益彩票收益用于遗产保护；四是可通过政府间长期优惠贷款筹集资金，或向相关国际组织和基金会申请项目援助。

4.鼓励社区民众广泛参与

遗产地成为当地居民谋生和致富的重要资源，自然而然就会增强保护的意识和积极性，形成保护与利用的良性互动。在国外，当地居民已成为遗产地最重要的利益相关者，随着文化遗产旅游的开展和知名度的提升，当地民众积极参与旅游服务，增加了收入，提高了生活水平。据统计，游客在遗产地每天平均消费的 10%~15% 贡献给了当地从事旅游经营服务的居民。

5.利用信息技术保护遗产资源

在信息时代，通过运用 GPS 全球定位系统、计算机遥感技术和 GIS 地理信息系统等实现了对文化遗产尤其是自然生态环境较为脆弱遗产地的实时监控；通过利用计算机仿真和虚拟技术，模拟遗产资源在各种外力作用下发生的变化，并据此制订合理的保护方案；利用物联网、云计算、三维动画和数字技术实现文化遗产虚拟旅游和智能化旅游，不但使大多数遗产能够为全人类所享用，而且实现了低碳环保的绿色发展。

三、城乡文化遗产的旅游开发

(一) 城乡文化遗产旅游及其价值

1.城乡文化遗产旅游热

旅游是人类社会的一种短期性的特殊生活方式，是人们为了休闲、商务和其他目的，离开他们惯常的环境，到某些地方去并在那些地方停留的活动。在快速化的当今社会，旅游成为人们放松自我、调节紧张工作生活的重要途径和方式。随着旅游业的资源开发从自然景观的原始展示向文化资源的深度挖掘转变，文化遗产以其具有的独特的、不可复制的文化景观，厚重的文化底蕴与悠久的历史传承，成为人们外出旅游最受欢迎的旅游选择对象。中国是文化遗产大国，是世界上旅游业发展速度最快的国家之一，已进入世界十大旅游接待国之列。

2. 城乡文化遗产的旅游价值

从起源上说，至今仍在的文化遗产并不是为吸引旅游者而建造的景观，只是随着社会的变迁、科技的发展、体验经济的出现和现代人类的怀旧情绪，历史保存下来的文化遗产才逐渐成为景点。文化遗产的价值也是在科学不断发展、社会经济文化不断进步的情况下逐步体现出来的。它们的价值与人类对它们的不断认识有关，在历史上有许多珍贵的遗产出于各种原因而消失，但直至科学与文化已经有相当程度发展的今天，人们才逐步认识它们的价值，承认它们的价值。文化遗产的价值主要包括历史价值、审美艺术价值、科学研究价值、社会价值和旅游价值等。

文化遗产的旅游价值是遗产旅游活动的基础。文化遗产的旅游价值是一个综合的系统。从文化遗产业的角度来说，文化遗产作为一个价值主体，需要采取各种扶持性的措施予以关注，使其能够传承发展为后代所享用；从旅游业的角度来看，文化遗产作为旅游活动的价值客体，需要能够充分满足文化遗产旅游活动中各个价值主体的价值需求。因此，文化遗产的旅游价值体现在旅游者、旅游地社区居民、旅游企业、政府等这些不同的利益主体在旅游活动中的价值均衡。其中包括的内容如下：

（1）旅游者的旅游需求得到满足

旅游者是文化遗产旅游活动的中心，是文化遗产旅游价值获得的主要载体。旅游者价值是指旅游者从文化遗产旅游中所获得的效用。旅游者通过愉快体验的消费来满足其个人需要，他们期望从文化遗产旅游中探寻知识，受到教育，获得启发，这些是文化遗产旅游者的共同价值诉求。

（2）当地居民的利益诉求与社区环境得到提高

当地社区作为文化遗产旅游区域的重要组成部分，对文化遗产旅游的影响至关重要，社区与社区的文化遗产资源二者融为一体，共存共荣。目前旅游业的发展越来越注重社区的利益，他们的利益诉求成为旅游开发的重要参考因素。

从价值的具体内容来说，社区参与文化遗产旅游的价值诉求表现为两大层面：一是居民利益诉求，具体包括居民收入的提高、文化传统的保留、生活品质的提高、教育水平的提升、就业机会的增加、对外交流的增多等方面。二是社区环境，这是文化遗产生存和延续的空间，主要包括相关生活设施、社区和谐、生态环境、人文环境等。

（3）旅游企业能够获得经济效益

旅游企业价值是指旅游企业从文化遗产旅游发展中获得的效用。旅游企业是文化遗产旅游发展的主要投资者和经营者，将文化遗产资源转化为文化遗产旅游产品，为前来文化遗产地进行旅游的旅游者提供各类服务。旅游企业在文化遗产旅游活动中也产生了一系列的价值诉求，主要体现在两个方面：一是直接效益的实现，二是旅游企业持续发展的需要。

（4）政府能够保证社会福利的公平

总体上来说，政府在文化遗产旅游的发展中起着服务、协调和引导作用。政府在文化遗产旅游活动中的价值主要体现在经济效益、政府形象、管理协调等方面。经济效益指旅游财政收入、就业率、产业贡献率、招商引资等；政府形象指提高政府的公信力和诚信度等；管理协调指管理效率和协调沟通等；危机管理指危机预警、危机控制和危机运用等。

文化遗产具有极高的价值，是重要的旅游资源，从这一点来看，我们都应该好好保护文化遗产。因此，在世界遗产的旅游开发中我们应该把保护放在第一位，做到保护与开发协调统一，否则文化遗产将会受到损害和破坏，它的价值也会逐渐丧失，我们将会失去文化遗产这一宝贵的财富。

（二）旅游开发对城乡文化遗产的影响

随着文化遗产旅游的不断发展，旅游开发对文化遗产的各种影响也逐渐显现。总的来说，包括正面影响和负面影响两个部分。文化遗产旅游的开发应该正视这些影响，并从中找到相应的平衡点。

1.旅游对文化遗产的正面影响

（1）政治影响

提高遗产地的知名度，促进遗产地文化的传播。通过景区的宣传与旅游者的传播，让越来越多的人关注、了解、欣赏文化遗产，进一步提高遗产

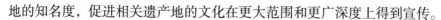

地的知名度，促进相关遗产地的文化在更大范围和更广深度上得到宣传。

（2）经济影响

增加经济效益。文化遗产的旅游开发无疑会给遗产地带来较高的经济收入，甚至改变许多地方的经济结构，使得以旅游业为代表的第三产业成为当地的主要经济来源。同时，当地家庭收入也全面增加，其收入结构也因旅游服务业份额的扩大而必然发生有益的变化。

（3）文化影响

第一，有效地保护了文化遗产。发展旅游是对文化遗产资源最好的利用方式之一，适度的旅游活动并不会造成对遗产资源的直接破坏。将文化遗产地开辟为旅游景区，往往需要规定明确的范围实施封闭管理，在这一程度上为文化遗产资源的保护提供了有效的保障。

第二，为文化遗产保护提供持续的物质保障。发展旅游为文化遗产地带来的丰厚经济收入尤其是极为可观的门票收入，能够给予文化遗产保护比较稳定的经济支持。因此，通过发展旅游可以实现"以遗产养遗产"的良性发展目标，实现遗产保护和旅游发展的双赢。

2. 旅游开发对文化遗产的负面影响

（1）政治影响

促使世界遗产申报工作盲目升温，脱离各地社会发展的实际情况。许多地方都看到了世界遗产申报成功后所带来的积极影响，尤其经济效益。因此，也都盲目地加入申报世界遗产的行列当中，而忽视了当地资源价值和经济能力的实际情况，反而为当地社会发展带来沉重负担，这完全背离了申报世界遗产其本身的意义。

（2）经济影响

片面追求经济效益，破坏文化遗产地的原真性。许多文化遗产旅游地的管理者和经营者只看到发展旅游业所带来的经济效益，而忽视了遗产地的生态环境，不能对文化遗产地做出详尽合理的规划。旅游开发过度使得其核心的地段被大量的宾馆、饭店、娱乐场所所充斥，人工开凿痕迹越来越多，人工化、商业化、城市化趋势明显破坏了世界遗产的原真性。

（3）文化影响

第一，过量游人的涌入，加速了文化遗产的损坏。文化遗产地如同任何一个旅游景点一样，其旅游承载力是有限的，但由于其具有较强的吸引力，尤其在旅游旺季经常出现人满为患的现象，大大超过了其本身的承载力，从而加速了文化遗产的损坏。

第二，外来文化的进入，对遗产地的特色文化造成冲击。随着旅游活动的大量开展，旅游活动本身包含的商业文化势必对遗产地本身的文化带来一定的冲击，甚至改变了当地人的价值观，造成文化替换现象，导致特色文化传承中断。

(三) 把握城乡文化遗产旅游开发的四个要点

规划设计遗产旅游类项目，需深入挖掘遗产资源价值，充分了解遗产地整体环境、遗产资源完整性及遗产项目开发对目的地的影响，带着唤醒历史记忆、再现人文精神、弘扬地域文化、发展地方经济的深刻宗旨，重视自然生态的保护、遗产体验项目的设置及创意设计的应用等。总体来说，需把握四大点——"四强化，四淡化"。

1. 强化旅游保护，淡化旅游开发

如何有效处理好遗产保护与开发间的平衡关系，是项目规划设计过程中需着重解决的一大课题。保护当然是第一位的，但是我们强调遗产保护，并不是反对旅游开发，只是反对那些不遵循客观规律、急功近利的开发，反对那些不惜牺牲环境、牺牲珍贵旅游资源、牺牲文化遗产地整体形象的破坏性开发。任何一个文化遗产旅游项目的规划设计，我们都应充分保证遗产本身的原真性和完整性，在保护的前提下合理进行旅游开发，处理好遗产保护与旅游开发之间的矛盾，使两者相辅相成。例如，元大都遗址公园总体设计以现状城墙为重点保护对象，本着"修旧如旧"的原则，充分尊重历史，保护遗址。

2. 强化旅游文化，淡化旅游经济

文化是遗产旅游的灵魂和血脉，是景区核心竞争力构建与打造的根本。但事实上，政府或企业过分关注的却往往是旅游经济，而忽视了旅游者在旅游需求中追求文化享受这一重要的部分。因此，无论是从满足中外旅游者的旅游需求角度，还是从政府和企业提供旅游供给的角度出发，我们都应该重视旅游文化。要把旅游作为文化活动的载体和依托，以创意的手法将文化有机融合在当地自然生态环境中，再现或还原历史传奇和文化风貌，并借助现代手段加以展示及演绎，提升整体资源价值与吸引力。例如，沙溪历史文化名镇保护规划中提到，要加大旅游文化产业在整个区域旅游产业中的比重。

3. 强化供给质量，淡化项目数量

扩大旅游需求，扩大接待规模已不是文化遗产旅游发展的主要矛盾，主要矛盾是如何提高旅游质量，优化旅游供给。从一些遗产地发布的开发构想之类的文字来看，其普遍表现出的不是质量意识而是很强的数量意识。遗产旅游的规划设计，须确保项目地旅游产品的质量，不以数量取胜，包括整体环境质量、游客体验方式独特性及游客服务供给等。

4. 强化协同发展，淡化自行经营

注重保护当地居民的利益，防止遗产开发与当地居民发生矛盾冲突。遗产旅游开发前，项目组要走访当地居民，聆听他们的建议和要求。在方案设计过程中，也要多次召开座谈会听取各方意见，并将反馈意见纳入整个项目的总体规划。

(四) 城乡文化遗产旅游开发策略

1. 城乡文化遗产旅游资源的开发

遗产资源开发的目的就是使遗产资源为旅游业所利用，从而使其潜在的资源优势转变成现实的经济优势。文化遗产旅游资源开发是旅游资源开发的一种特殊形式，文化遗产资源与其他旅游资源不同，其本身的价值对游客具有巨大的吸引力，加上遗产资源开发必须遵守"原真性原则"，不能对其进行随意的加工改造，因此遗产旅游资源开发的重点并不在资源本身，而在于有关旅游配套条件的建设和遗产资源所在地的旅游营造。具体有如下内容：

（1）建设和完善旅游配套设施

通过梳理周边大环境，合理布局、科学选址，充分考虑旅游服务设施与环境的融合，建筑与生态的有机统一；设计中，关注游客的体验感，充分做到人性化设计贯穿始终。

（2）完善旅游服务

旅游服务的好坏直接取决于自身素质的高低，而又影响到旅游地对旅游者的吸引力。因此，必须根据客源市场的变化及旅游业的发展要求，通过

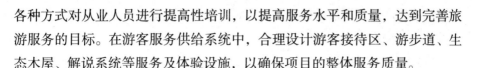

各种方式对从业人员进行提高性培训，以提高服务水平和质量，达到完善旅游服务的目标。在游客服务供给系统中，合理设计游客接待区、游步道、生态木屋、解说系统等服务及体验设施，以确保项目的整体服务质量。

（3）解决可进入性问题

旅游活动具有异地性的特征，因此没有一定的交通设施和交通条件，旅游活动是不可能实现的，旅游资源的开发也就毫无意义。一些遗产景点或景区，尤其是自然遗产景点或景区，虽然特色突出，但由于交通状况不佳，可进入性较差，极大地减弱了游客选择该地旅游的动机。因此，必须着力解决可进入性问题，使旅游资源开发的目标得到保障，使旅游者选择旅游地没有顾虑。

（4）营造良好的旅游环境

由于旅游环境充分展示了旅游资源的地域背景，直接或间接地对旅游者产生吸引或排斥作用，进而影响旅游资源开发的效果，因此营造良好的旅游环境在旅游开发中显得非常重要。营造良好的旅游环境，除了要制定出有利于旅游业发展的旅游政策、制定方便外来旅游者出入境的管理措施、保持稳定的政治环境和安定的社会秩序以外，还必须在提高当地居民的文化修养、培养旅游观念、养成文明礼貌和热情好客的风气等方面下功夫。

2. 城乡文化遗产旅游开发方式

（1）轮休型开发方式

"轮休"最初应用于农业中对耕地的使用，即每年让一定比例的耕地"休息"，以此保持土壤的肥力，保证农作物的产量。这种方法同样可以应用到文化遗产旅游开发中，即每年或每个旅游旺季开放一部分景区（点），让景区（点）轮流休息，以缓解其保护压力，更好地保护遗产地。这一模式比较适用于占地面积较小、景点相对独立，且生态或文化较脆弱的遗产地，如莫高窟、龙门石窟、云冈石窟、大足石刻、苏州园林等。

（2）融合型开发方式

融合型开发方式，即将物质遗产和非物质遗产融合到一起进行开发。这种开发策略多适用于世界文化遗产，如苏州园林、颐和园、武当山等。例如在颐和园的湖心亭举办京剧票友会；在苏州园林内设昆曲和评弹表演小舞台；在武当山举办太极和武术演习，并让游客参与其中学得一招两式，既提

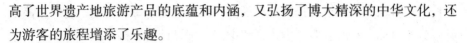

高了世界遗产地旅游产品的底蕴和内涵，又弘扬了博大精深的中华文化，还为游客的旅程增添了乐趣。

（3）分区开发方式

"分区开发"是将文化遗产地划分成若干地区，界定每个地区的范围、界限和活动类型，在不同的地区进行不同方式和层次的开发、保护、利用和管理。例如可以将遗产地分为核心保护区、核心环境区、缓冲区和边缘区。文化遗产地内保存完好的自然景观、最具价值的景点集中分布地和保存完好的珍贵文物古迹应列入核心保护区。边缘区位于景区的最外围，旅游设施可以相对集中，旅游项目也可以丰富多样，辅之以小型主题公园、度假、购物等。这种开发策略比较适用于区域比较大，并包含自然景观的文化遗产地，如黄山、泰山、九寨沟等。

（4）景区与社区联动开发方式

这是一种保护性开发策略，就是把文化遗产旅游与社区相结合，在社区开发出各具特色的街区和文化体验活动区，旅游者在遗产景区游览后，到社区的特色街区、特色文化体验区从事购物、娱乐、餐饮、参观等休闲活动或度假的旅游模式。这种模式尤其适用于存在于城市中的世界遗产，如故宫、天坛、苏州园林、布达拉宫、十三陵、曲阜三孔。

在这里需要说明的是，这些开发方式之间并非不相容，可以交叉、融合使用。一种开发方式可以运用到多项文化遗产，一项文化遗产也可以使用多种开发方式。

3. 城乡文化遗产旅游开发管理

（1）适当控制旅游接待人数

遗产旅游者的价格弹性相对较小，因此门票价格只是调节高峰时期游客量的手段之一，除此之外还应当采取其他手段辅助调控，如建立旅游预警系统，提前限量预售门票等。此外，还可以采用创建各种基金、加大政府保护资金投入力度、创办遗产旅游彩票等多渠道的旅游筹资方式来适当控制旅游接待人数。

（2）选择合适的管理模式

一方面加强国家对世界遗产地的宏观管理，发挥法律和专业部门管理的作用；另一方面，加强世界遗产地政府和景区管理经营机构的微观管理。

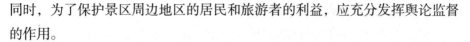

同时，为了保护景区周边地区的居民和旅游者的利益，应充分发挥舆论监督的作用。

（3）坚持走可持续发展道路

针对大气污染的防治，减少旅游区的生产和生活设施数量，实行集中供热、供汽，提高污染源排放的高度，汽车尾气排放要安装过滤装置。开发污染小和无污染的新能源，如太阳能、风能等。对水体污染的防治，如建立污水处理厂，生产和生活废水必须经过处理才能排出。应禁止使用一次性餐具，建立不可降解物质如塑料袋的回收渠道，建立健全垃圾桶、垃圾箱等设施的设置，方便游人。

四、城乡文化遗产保护与旅游开发

（一）城乡文化遗产保护与旅游开发动态

城乡文化遗产保护与旅游开发，从时间的维度上，经历了起步期、加速期到如今的大发展期；从空间的维度上，从最初的偏重于城市文化遗产的保护与旅游开发，逐渐地关注乡村文化遗产的保护与旅游开发，现如今共同重视对城市与乡村文化遗产的保护与旅游开发。自21世纪以来，中国城乡文化遗产从传统的静态博物馆式的保护、观光游览式旅游开发，逐渐演变成对城乡文化遗产的全方位的利用与复兴。城乡文化遗产的保护与旅游开发的快速发展致使遗产旅游化成为一种常态，伴随着对城乡文化遗产的空前重视，导致了一些新的城乡文化遗产现象的产生——乡村的民宿旅游、城市工业文化遗产旅游等。在文化遗产旅游受到空前重视的背景下，也导致了对城乡文化遗产的空前破坏现象，首先是损毁文化遗产本体的事件屡有发生；其次是由于盲目的开发建设割断了历史文脉，导致"毁掉真文物，制造假古董"的行为盛行；最后是"建设性破坏"与"保护性破坏"成为越来越普遍的现象。

1. 城市文化遗产保护与旅游开发动态

城市文化遗产方面，注重历史悠久、地位突出的城市文化遗产作为旅游开发对象，一些知名度不高的近现代城市遗产、特色小城镇、工业遗产等也逐渐成为城市文化遗产旅游关注的对象。

2.乡村文化遗产保护与旅游开发动态

乡村文化遗产的保护与旅游开发相比于城市文化遗产的保护与旅游开发起步较晚，但如今却越来越受到旅游者、政府开发商及当地居民的青睐。首先是交通设施的改善为乡村自驾游提供了有利的条件，从而为文化遗产旅游提供了客源。其次是乡村文化遗产自身的特点契合了城市居民对于旅游的需求——机械刻板的城市生活使市民产生逃离的欲望，宁静的乡村成为"诗意的栖居"的最佳场所。最后是如今的游客更加注重旅游体验，期待在旅游过程中与旅游地当下的情景进行深度融合，而乡村文化遗产恰恰可以满足这一需求。

在当今的乡村文化遗产的发展实践中，乡村的文化遗产逐渐成为一种带动乡村发展的产业开发模式。与城市文化遗产倾向于遗产全方位开发与利用不同，乡村文化遗产地作为生活的场所，不能不考虑原住民的生活需求。乡村文化遗产的旅游开发一般是依托地域的特色来作为旅游开发基础，通过新建旅游基础设施为保障，挖掘乡村非物质遗产，以及通过整体风貌的塑造来吸引游客。以位于江西省上饶市婺源县东北部的篁岭为例，其借助于古色古香的乡村景致，依山错落的民居建筑，通过特色的"晒秋"，形成了独具特色的乡村文化遗产旅游地。

(二)城乡文化遗产保护与旅游开发的关系

城乡文化遗产是城乡空间范畴内的不可再生资源，具有稀缺性、传承性等特点。一方面，文化遗产作为不可再生资源，决定了文化遗产保护的必要性及迫切性。另一方面，文化遗产的稀缺性为旅游的发展提供了丰富的旅游资源，作为旅游开发的基础。城乡文化遗产自身的特性决定了文化遗产既要受到保护的限制与约束，又可以作为旅游的开发进行发展与传承，同时也意味着文化遗产在保护与旅游开发的过程中充满了矛盾性与复杂性。

在以往的研究实践中，决策者往往将旅游发展与文化遗产保护关系看作单维的统一体，要么强调旅游的负面影响，要么强调旅游的积极作用，很少能从动态上研究二者的关系。但实际上，旅游开发与遗产保护的关系既不必然是对立关系，也不必然是稳定关系。因此，单一的研究旅游的负面影响或者单一研究资源保护的政策规制都难以全面地把握问题的实质，应该将旅游开发与资源保护的关系放在一个动态环境中进行研究分析，以便更清晰地把握二者的关系，在此基础上才能有效地协调旅游开发带来的利益冲突问题，从而促进旅游资源的可持续利用。

无论是孤立地看待保护或是开发，都会造成保护性破坏或者开发性破坏。保护与开发并不是单一维度的对立、合作二元关系，文化遗产保护与旅游开发的对立与冲突可能会贯穿文化遗产旅游开发的各个阶段。要协调好保护和开发的关系，不能让消极保护阻碍了旅游开发，也不能使大规模不科学的开发破坏了文化遗产的保护。

(三) 城乡文化遗产保护与旅游开发的协同规划

随着新型城镇化进程的推进和人们对城乡文化遗产认识的提高，城乡文化遗产保护越来越涉及城市复杂系统的诸多方面，其内涵和外延不断得以扩大。因此，要保护城乡文化遗产进行可持续性的旅游开发，就要摒弃传统的文化遗产保护与旅游开发相互割裂的状态，促进文化遗产的保护与旅游开发相互协同。在具体的实践层面，首先，要突破传统文化遗产的单一空间保护，将其融入更加宏观的文化生态系统中，建立基于核心价值的文化遗产保护体系，同时要将保护与旅游开发融入社会的复杂开放系统中，最终走向活态的可持续发展。

其次，要采用灵活多样的保护与旅游开发模式，针对城乡文化遗产的不同特点以及具体的现实情况制定出有针对性的文化遗产保护与旅游开发协同的实践方法，避免以往大拆大建的土地开发模式，采用灵活的、机动的、小规模的渐进式的保护与旅游开发模式。

最后，针对保护与旅游开发协同发展，要进行创新探索，利用反向规划思维，严格划分出不可开发建设用地以及不能进行旅游开发的文化遗产保护区，在文化遗产的保护底线下进行灵活的适当的旅游开发。同时要打破有关部门之间的壁垒，发挥政府的积极引导作用，将自下而上和自上而下的管理模式相互配合、共同协作运行，协调好利益相关者之间的利害关系，从而保证城乡文化遗产旅游开发的可持续发展。

1.城乡文化遗产保护与旅游开发的协同规划要点

城乡文化遗产的保护与旅游开发重点在于针对城乡文化遗产的共性问

题，要提出一个整体的文化遗产旅游开发的可持续体系。首先，无论是城乡文化的遗产保护还是旅游开发，文化遗产资源都是重中之重。因此，要全面地、系统地梳理旅游开发范围内的文化遗产资源，根据具体情况建立分类分级的文化遗产保护与利用体系。同时，要对文化遗产旅游开发的可承受程度进行一个预估，为文化遗产旅游开发提供一个有效的依据。

其次，要明确城乡文化遗产保护与旅游开发的层次性。要将文化遗产保护规划中的片区划分和旅游开发进行协同。对于不同的区域要进行不同程度的保护与旅游开发。不仅要有对文化遗产的整体引导，也要有对局部建筑高度、建筑体量、文化遗产天际线等一系列的控制。同时要进行灵活有针对性的旅游管理，通过对不同片区游客量的控制来协同文化遗产保护与旅游开发的关系，对原住民与游客进行有针对性的引导。例如，在文化遗产的核心保护区禁止原住民的一切建设行为，而针对文化遗产保护的非核心区，可以进行灵活、适当的更新改造等。既要保证整体的有机性，也要保证针对具体情况的灵活性、可变性。

2. 城市文化遗产保护与旅游开发的协同规划要点

探索多元的模式是解决城市文化遗产旅游可持续开发问题的重要思路。

要将城市的发展与城市文化遗产保护与旅游开发协同在一起。城市文化遗产往往位于城市的中心，因此文化遗产的保护与旅游开发离不开城市经济结构转型——大城市的城市中心功能往往向着现代高端服务业转型。城市文化遗产旅游的可持续发展要积极考虑市场的因素，不能一味地只强求保持文化遗产原有功能和完全地保留"原住民"。

要将文化遗产的保护与发展作为一个城市的发展战略。文化遗产对于城市特色塑造具有重大的意义。城市文化遗产不仅仅是一个城市的地标，同时也一定程度上代表着一个城市和乡村的文化，如上海的石库门、安徽的宏村。城市文化遗产的保护与旅游开发问题要站在城市总体规划的宏观层面着手考虑。

要转变现有的城市文化遗产土地开发模式。目前的城市更新都是大片的土地批租，这对于延续城市历史脉络和空间肌理来说是致命的，而如今的土地开发模式不仅切断了城市景观的连续性，也瓦解了社会生活网络。新的规划策略需要探索小规模渐进式的、有针对性的开发模式，这样能更好地实现文化遗产新老之间的有机结合。

3. 乡村文化遗产保护与旅游开发的协同发展要点

乡村文化遗产保护与旅游开发的协同发展重点在于要提高乡村自身的"造血能力"。乡村的文化遗产由于区位偏远，与乡村的生产生活相互依存，文化遗产的保护要积极依靠政府与当地村民的主人翁作用。传统的城乡发展单纯地注重城市的发展，乡村扮演着为城市的发展输送人力资源与自然资源的角色。这样的发展导致了一系列问题，包括乡村的空心化、留守儿童，最终的结果是乡村社会的自组织能力丧失。乡村文化遗产保护与旅游开发的协同发展要点在于重塑乡村的社会组织。不仅是简单留住原住民，而是要建立激励的政策，将城市的人力、资本注入乡村。

应用"互联网＋"思维，来创新地为乡村发展寻找出路。以袁家村为例，袁家村原先是陕西一个不知名的小村庄，利用自身的区位优势，创新利用互联网思维，引入特色外来商业，提升公共文化服务等方式，来活化自身的发展，如今成为全国乡村旅游经典案例。

针对乡村非物质文化遗产的特点，要妥善处理非物质文化遗产与物质载体的关系。非物质文化遗产是以人为载体的，传统的遗产保护方法难以适应非物资文化遗产活态传承的特点。针对非物质文化遗产的特点和具体情况，要灵活、创新地采用多种方式，不仅要对"物"进行保护与发展规划，同时也要对"人"进行保护与发展规划。

针对乡村物质文化遗产的特点，要对物质空间实行整体的保护与旅游开发模式。空间布局与周边的自然景观进行有效的协调，注重新建建筑高度的控制以及营造小空间的趣味性。要适当加入当地的非物质文化要素，将新建建筑风貌与原有建筑风貌进行协调统一。民宿设计就是一个很好的旅游开发契合乡村文化遗产保护的案例。借助于乡村原生态的自然环境，注入当地非物质文化抽象而来的要素，设计出满足现代生活的空间，很好地平衡了文化遗产的保护与旅游开发。

(四) 城市文化遗产保护与旅游开发模式

根据历史老城区的保存状况，应开展不同的空间开发模式，主要有空间分离型、空间镶嵌型、空间融合型三种开发模式。

1. 空间分离型开发模式

针对其历史格局保存完整、传统生活风貌犹存、文物遗迹集中分布的现实情况，可以选择空间分离型开发模式，新城建设、老城保护和旅游开发互不干扰。这种模式将新城的现代居民生活与古城的保护同都市旅游开发活动相分离，达到互不干扰、互不阻碍，又能互为补充、互相促进，进而实现遗产类城市保护、开发与发展的和谐统一。比如，苏州采取的"保护老城、发展新城"的政策，同时对老城区新建筑限制高度，使得姑苏老城得到了较好的保护。这些措施都使得苏州市竞争力提升，吸引了更多的游客。

2. 空间镶嵌型开发模式

城市历史风貌犹存，骨架格局、空间形态仍有保护和开发价值，或城市的整体格局和风貌虽已不存在，但还保留有若干体现传统特色的历史地段和街区的遗产类城市。为了最大限度地保护文化遗产，同时又不完全排斥城市现代生活的介入，都市旅游开发宜采用空间镶嵌型发展模式。空间镶嵌型发展模式使得居民生产生活与遗产类城市保护和都市旅游开发和谐共存在一个地域空间内，并分区集中展示各自拥有的特色。

3. 空间融合型开发模式

某些遗产类城市内部已经难以找到几处保留完整的文化遗产，仅存规模不大的零星文化遗产散落于城市各处，但在历史上曾经起到过极其重要的作用，仍然具有极大的科研价值和旅游价值，这些城市文化遗产的旅游开发的重点和主题应该转向深入挖掘城市独特历史文化内涵方面。比如选择合适地段，将城市曾经拥有的繁华风貌和曾经发生的历史事件模拟演示，推出具有自身特色的历史文化内涵的现代旅游产品，在空间上它们将同遗存的文化遗产一起成为都市旅游的开发亮点。以西安的大雁塔音乐广场为例，西安音乐喷泉广场位于西安大雁塔北广场，是一个规模宏大的音乐喷泉广场，也是目前全国乃至亚洲最大的喷泉广场，东西宽218m，南北长346m。依托文化遗产大雁塔，深入挖掘唐文化，大雁塔及其周边被打造成了一个具有唐文化气息的音乐广场。

第四章　地理信息技术中的摄影测量学与遥感技术

第一节　摄影测量学的定义、分类与作用

一、摄影测量学的定义及研究对象

摄影测量学是利用传感器拍摄的影像，研究并确定被摄目标的形状、大小、位置、性质和相互关系的一门科学与技术。

摄影测量学的科技内容包括影像信息的获取、处理、表达和应用。

摄影测量工作的第一步是获得适用的影像。适用的影像是指具有良好的清晰度和分辨率，能反映出所需的各种信息、满足测绘精度要求的影像。摄影测量研究影像信息获取，主要就是研究各种摄影机及其摄影的方式和方法，目的是解决如何快速、方便、经济地拍摄得到目标高质量影像的问题。随着时代的发展，摄影测量用的摄影机和拍摄方式也在不断改变。就影像而言，从黑白影像发展到彩色影像，从光学影像发展到数字影像，从平面影像发展到三维影像。这些都大大促进并提高了摄影测量的信息处理、表达和应用的水平及能力。

摄影测量研究影像信息处理，主要就是研究如何依据影像信息提取出目标及其环境的可靠信息，即回答被摄目标是什么、状态和性质如何、空间位置在哪里等。摄影测量尤其着重于解决对目标的空间定位问题，因为这也是测量的根本任务之一。

由影像提取的信息须以某种形式加以表达。摄影测量研究影像信息表达，就是研究如何将提取出的目标信息以清晰、明确、定量和便于应用的形式表示出来。纸质地形图是大家熟悉的地形信息的模拟表达，数字地形图则是地形信息的数字表达。数字地形图正是由模拟地形图发展而来的，因其在信息存储、管理、表示、应用等方面具有以往表达形式不可比拟的优点，使之成了目前表达地形信息的最主要方式。然而，地形图仍然只是地形信息的

二维表达方式。随着计算机技术的发展，摄影测量提取的空间信息愈来愈趋向三维表达。

摄影测量获取目标信息的最终目的是应用信息。这种应用可以通过测绘的地形图、专题图等间接地实现，也可以将获取的信息输入地理信息系统直接实现，甚至将摄影测量融合成地理信息系统的空间信息采集、更新和信息可视化分析部分。当然，摄影测量不仅对地观测，其在非地形测绘领域也有广阔的应用市场。通过摄影提取的各类目标的空间信息，可为工业制造、建筑工程、生物医学等领域提供不可替代的技术支持。

二、摄影测量的作用与优点

(一) 摄影测量的作用

摄影测量的研究对象分地形和非地形两类，摄影测量的作用也体现在这两个方面。对地观测是摄影测量的主要工作，因此摄影测量的主要任务是测制各种比例尺的地形图和专题图，建立地形数据库，并为各种地理信息系统的建立与更新提供基础数据。

摄影测量的另一个重要作用体现在非地形测绘领域。摄影测量至今仍是以一种新型、高效、方便，甚至是不可替代的观测手段不断开拓应用市场，被越来越多的生产或科研部门所认识、接受和赞誉。这个服务领域已远远超出了传统的测绘服务领域，并反过来为摄影测量的发展提供了不竭的动力。尤其是在无人驾驶、智能视觉、智慧制造等战略性新兴产业方向上，摄影测量正在融入。

除了服务于"测绘"，摄影测量近年来进入并支持了一个广阔而深远的新领域，即地球空间信息可视化及分析，表现出了前所未有的重要作用和发展前景。在当前的地学三维建模、虚拟现实、数字地球和智慧城市建设等热点的空间信息技术中，均有摄影测量的重要作用，由此亦可见一斑。

(二) 摄影测量应用的优点

摄影测量应用的优点指与别的观测手段相比，采用摄影测量方法有什么突出的好处。摄影测量应用的优点可以从如下几个方面来理解。

第一，影像记录的目标信息内容客观、信息丰富、直观逼真，人们可以从中获取被摄物体的大量几何和物理信息。航摄影像承载信息的丰富程度常常超出人们的想象。测绘人员主要处理几何信息，制作的地形图表达的是地形要素。这些要素一般包括工矿、居民地、道路、水系、植被、土壤、地貌等，兼顾了国民经济各部门的需求，属基础地理信息。而其他不同的专业人员同样可从航摄影像上提取感兴趣的各种专题信息。例如，地质人员可提取地质构造信息，矿产人员可提取矿藏信息，水利人员可提取水资源甚至地下水资源信息，环保人员则可提取水体、土壤等的污染信息，等等。因此，影像信息作为制图信息源具有突出优势。

第二，摄影测量作业无须接触被摄目标本身，属间接测量方式，作业不受工作现场条件的限制。在地形测绘中，用全站仪等对山区的测绘将会十分困难，而采用航空摄影测量则会方便、经济得多。越是大山区，航空摄影测量的优势越明显，这都是间接式测量带来的好处。在非地形测绘领域，这种好处亦表现得非常突出，并且对用户颇具吸引力。例如，在对滑坡、泥石流的监测中，人们无法到达被测物体表面，故可应用摄影测量来完成。在对爆破、高温、真空等危险现场监测时，摄影测量方法是唯一手段。同样，摄影测量被用于通过星际影像勘测外星体、通过显微影像测定微观事物结构或形态等。

第三，摄影测量可测绘动态变化的目标。摄影测量处理的信息源自影像，而影像则是某一瞬间对被摄目标状态的真实记录。正因如此，使得摄影测量具有研究动态目标的能力，并且这种研究是全面的、整体的、同时的，而非局部的、离散的、不同时的。这一优点往往是其他测量手段不具备的，也是不可被替代的。例如，摄影测量被用于研究液体、气体等动态目标。在水工试验中，摄影测量用来测定水体的流速、流场、泥沙运动等。在大江截流中，摄影测量用来测量龙口现场流态。在泥石流研究中，摄影测量用来测定泥石流的龙头形态及流速等。在汽车碰撞试验中，摄影测量用来测定碰撞瞬间汽车的变形与受力。在航弹、枪械的设计中，摄影测量用来测定弹道和弹速。类似例子不胜枚举，这些都得益于摄影测量的动态目标测绘能力。还值得一提的是，在安全监测工作中，摄影测量使用的影像是目标在某一瞬间的整体形态反映，因而有利于全面地测量分析目标形态及其变化，如用于高边坡变形监测、船闸闸门变形监测等。就此方面而言，摄影测量比只重点测定若干离散点上变形量的传统大地测量方法更具优势。

第四，摄影测量可测绘复杂形态目标。在地形测绘中，常规的全站仪或 GNSS 方法测绘地物、地貌时，都是首先采集地形的特征点，然后依据离散特征点内插表示出连续的地形形态。例如，由地貌特征点内插出等高线，由道路特征点内插出线状道路等。显然，当地形复杂时，采点和插绘的工作量很大。而且，当特征点少或关键特征点丢失时，会影响地形表示的准确性。摄影测量方法对地形的测绘，是利用测标在几何模型上对地貌、地物特征跟踪实测而成，因而可以方便地对复杂地形进行测绘并且逼真地给予表示。这种优点在测绘非地形复杂目标时表现得更加充分，如对佛像的测绘。测绘佛像的目的有两种，一种是测绘属于文物的各类佛像，用于文物研究和保护；另一种是测绘现代工艺佛像，用于工业制像。无论哪一种，测绘过程都有一定的难度，原因是佛像是一个形态复杂的目标物。显然，测绘佛像采用摄影测量方法是较为理想的。复杂形态目标的测绘在工业制造中是较普遍的工作，如对飞机、轮船、汽车、水轮机叶片的外形的监测等。事实上，这些部门一直应用摄影测量技术为本行业的生产、科研服务。三维激光扫描技术出现后，摄影测量与激光扫描技术产生了融合，又发展成一种新型的测量方式。

第五，摄影信息可永久保存，重复使用。要开展摄影测量就必须先拍摄像片，尤其是航空摄影测量或卫星遥感，所使用的航空像片或卫星像片均是珍贵的影像资料，其客观、详尽地反映了某一时期地表的状况。影像资料除满足拍摄后的测量和制图需要外，更成为保存当时地表信息的理想载体。随着时间流逝，这种资料变得弥足珍贵。例如，利用不同时期的影像资料，可以研究某地区环境变迁的过程和机理。影像的价值还在于可重复量测使用。地形图是用符号语言对某一时期地表信息筛选抽象后的表示。从信息量的角度来看，影像上的信息比相应地形图上的信息要丰富得多。若有旧时期的影像资料，通过重复量测，仍可以像当年一样获取当时的信息，或提取当年未关注的信息。显然，这是旧地形图无法做到的。

以上阐述了摄影测量的一般优点，下面再介绍摄影测量在几个具体应用方面的长处。

在地形图测绘方面，与地面测绘方法相比，摄影测量有如下特点：①生产作业速度快，成图周期短。②作业以内业为主，人员劳动强度低。这是因为摄影测量将大部分原来须在现场完成的测绘工作搬到了室内进行。③对较大范围测绘成图时，所需的经费少。目前，摄影测量已是大范围测图的首选方法，大多数的城市测绘都选择了航空摄影测量。④摄影测量成图精度均匀、形态逼真。⑤摄影测量除可以生产最常见的线画地形图外，还可以生产影像地形图。影像地形图是以影像表示地形要素的平面位置和形态，以等高线和高程注记点表示高程形态的地形图的一种形式。影像地形图的影像来自原始航摄像片，故与线画地形图比，影像地形图所承载的信息要丰富、逼真得多。正是这个原因，使影像地形图愈来愈被用户看好，需求也在不断增长。

在为地理信息系统获取空间信息方面，摄影测量与遥感已成为 GIS 系统主要的数据来源。因为 GIS 系统存储、管理、更新、应用的空间信息大多来自地表，而快速地对地观测正是摄影测量与遥感的擅长之处。而且，摄影测量与遥感在影像信息获取、处理方面都有较高的自动化程度。摄影测量和遥感终将与地理信息系统在更高层次上融为一体。

在非地形测绘方面，摄影测量充分展现了作为一种特殊量测手段的优势。实际上，非地形摄影测量正是因其自身突出的优点才被众多不同行业所认识和接受，从而逐渐发展起来的。以下举几个例子，可见一斑。摄影测量被用于古建筑、古石刻石雕、古塑像壁画等文化遗存的测绘中，以满足文物研究保护的需求。摄影测量被用于古化石、古遗址挖掘的测绘中，以满足考古研究的需求。摄影测量被用于水利工程的测绘中，测定水工模型的流速流态、泥沙冲刷淤积，或大坝溢流面、泄水闸墩面形态，或船闸闸门启闭过程中的动态变形等，以满足设计、运行的监测需求。摄影测量被用于工业制造中，测定常规手段不易量测的复杂形态目标物，以满足设计、制造的监测要求。摄影测量被用于生物医学领域，测量生物体的外部形态或内部形态，以满足整形、探测病灶或生物医学研究的需求。摄影测量还被用于公安、交通等领域，测量痕迹或事故现场，以满足刑事侦查或交通事故勘察的需求。

第二节　摄影测量的基本原理及方法

航空摄影测量是摄影测量的主干，摄影测量的生产、科研、教学无不受到航空摄影测量的主导。本节将以航空摄影测量为例介绍摄影测量学的基本原理与方法。

一、像片及其投影

用一组假想的直线将物体形态向几何面上投射称为投影。投影的几何面通常是平面，称为投影平面，投影的直线称为投影光线。若投影光线会聚一点，这种投影方式称为中心投影。

实际生活中，当投影直线为真正的光线，投影平面为像片平面时，投影过程即摄影过程。像片平面上由感光材料或光敏电子装置记录的投影构像称为像片或影像。航摄像片简称航片，通常由机载的量测用航空摄影相机在空中对地拍摄而得。显然，航片影像就是地面景物在像平面上的中心投影。投影光线的会聚点 S 称为投影中心。一般情况下，航片的投影中心可理解为摄影机的物镜中心。

与之相对，投影光线相互平行且垂直于投影平面的投影方式称为正射投影。大比例尺地形图是地面景物在地平面上的正射投影（按比例缩小）。因此，摄影测量成图的关键是将像片上中心投影的地面信息转换为正射投影的信息，并予以表达。

二、航空摄影及立体像对

航空摄影时，飞机沿航线在一定高度匀速飞行，摄影机则按一定的时间间隔开启快门拍摄，或由 GNSS 控制按设计航线拍摄，所摄像片的影像在地面上形成覆盖。一条航线拍摄完毕，飞机进行相邻航线的拍摄。如此，直至所有航线拍摄完毕，整个测区即被航片影像全部覆盖。航空摄影一般委托专门的部门来完成，采用无人小飞机平台的航空摄影则可由用户自行完成。

航空摄影时，需满足一定的技术要求，这些要求也是航片具备的特性。最基本的要求有航摄比例尺和像片重叠度。

航摄比例尺，亦称像片比例尺，指像片上一段距离与地面上相应距离之比。

航摄比例尺的大小视成图比例尺而定（具体参照相应规范），一般是成图比例尺的 1/2 ~ 1/8，即摄影测量具有对影像比例尺放大 2 ~ 8 倍成图的特性。

像片重叠度，指相邻两张像片的相同景物影像面积占整幅像片面积的百分比。同一条航线内相邻像片之间的重叠度称为航向重叠度。一般而言，航向重叠度应达到 60% ~ 80%，保证一定的像片重叠度是立体摄影测量作业的要求。

具有重叠度的两张像片称为立体像对，使用立体像对可进行立体观察和立体量测，并由空间几何的前方交会原理，经两张像片上同名光线的交会，确定地面点位置。显然，当航向重叠度达到 80% 时，可以形成对测区的三重以上的影像覆盖，以提高摄影测量精度和可靠性。

三、影像信息处理的主要理论与方法

摄影测量对影像信息进行处理，主要是几何信息的处理，以解决空间定位问题，故摄影测量理论方法以物、像的几何空间变换为主。

(一) 像片的方位元素

像点都位于像平面上，要研究物点和像点间的空间变换，自然应该首先确定投影中心、投影光束与像片作为一个整体在空间的形状、位置和姿态问题。像片的方位元素，指描述投影光束形状及所处空间方位的参数，分为内方位元素和外方位元素。确定像片方位元素，是定量地建立物像空间几何关系的基础。

内方位元素：描述投影中心对像平面位置关系的参数称为内方位元素。

外方位元素：描述像片在空间中方位的参数称为外方位元素。

外方位元素确定了投影光束即像片在空间的方位。某像片外方位元素的值，需根据在像片上构像的地面控制点反算，或者在飞行时由 POS 系统直接测定。

(二) 摄影测量的定位算法

基于影像的空间定位算法是摄影测量的基本方法。立体影像处理是摄影测量信息处理的主要方式。立体影像处理是以立体像对为单元，以同名光线空间交会为基本原理，由像点的像平面坐标来确定相应物点地面坐标的处理方法。立体影像处理主要包括 3 种具体方法，即单像空间后方交会及双像空间前方交会法、相对定向及绝对定向法、光线束法。

1. 单像空间后方交会及双像空间前方交会法

单像空间后方交会是利用共线方程，依据像片上若干控制点的像平面坐标及其物方地面坐标，解求出该像片外方位元素的过程。我们把像片上少量的预先精确测定了相应地面坐标的点位，称为像片控制点。像片控制点于物方和像方一一对应，其作用是为像片的几何处理提供必要的同地面关联的依据。从共线方程式可以看出，每个像片控制点可列出 2 个方程式，当有 3 个控制点时，则可列出 6 个方程式，解出 6 个外方位元素的值。

双像空间前方交会是在已知立体像对两张像片的内外方位元素后，利用同名光线空间交会条件，依据某同名像点的像平面坐标，解求出其物点地面坐标的过程。

单像空间后方交会及双像空间前方交会，是摄影测量经像片坐标处理获得物点地面坐标的一种立体摄影测量算法。

2. 相对定向及绝对定向法

相对定向就是利用立体像对中存在的同名光线共面的几何关系，解求得相对定向元素的过程。同名光线交会条件也就是同名光线共面条件，显然每对同名光线可列出一个共面条件式，它是 5 个相对定向元素的函数。当量测确定了像片上 5 对同名像点的像平面坐标，就可以列出 5 个共面条件方程式，解出 5 个相对定向元素的值。

相对定向的目的是由立体影像建立起被摄目标的几何模型。得到立体像对的相对定向元素后，实际上就是在某种过渡性的坐标系中确定两张像片的外方位元素。因此，对任一对同名像点，只要量测得到像片坐标，应用前面所述的双像空间前方交会就可以计算出相应的物点模型坐标。这里，模型坐标的概念，即表明了此处所得物点坐标是位于过渡性的坐标系中，而非实际地面坐标系中。相对定向后可以得到像对内任一点的模型坐标，所以在完成相对定向后，就称建立起了目标几何模型。

相对定向虽然建立了被摄目标的几何模型，但从前面阐述可知，模型还未恢复在地面坐标系中的绝对方位，并且模型的大小还是任意的。我们称相对定向后建立的这种模型为自由模型。为了能在几何模型上测绘，相对定向后还须进行绝对定向。绝对定向对模型所做的变换为空间的缩放、平移和旋转，称为空间相似变换。

绝对定向就是利用地面控制点，解求绝对定向元素的过程。绝对定向元素就是空间相似变换参数，共有 7 项。绝对定向的目的是通过空间相似变换，将自由模型纳入地面坐标系中（测图坐标系）。

相对定向及绝对定向是处理单个立体像对的最重要的影像定位算法。

3. 光线束法

光线束法简称光束法，在恢复像片的空间方位和物像变换时，把像片方位元素和物点地面坐标都作为未知数，放在同一个数学模型中整体解求。光束法的数学模型仍是共线方程。与单像空间后方交会不同的是，未知数除了每张像片的 6 个外方位元素之外，还有每个物点的 3 个地面坐标。

光束法的计算单元不限于一个立体像对的两张像片。航空摄影像片在航线内部，以及相邻航线之间都有重叠，一个物点可能被多张影像所覆盖。一个物点在不同像片上所列的共线方程有着相同的未知数，即相同的地面坐标，因此可以放在同一个方程组中解算。光束法的计算单元可以是一个大的区域，包括若干条航线，每条航线又可包含上百张像片。计算的结果是同时解得区域内所有像片的外方位元素以及参与计算物点的地面坐标。

光束法的观测和计算工作量较大。但是，光束法充分利用了影像间的重叠覆盖，对同一物点形成了多光线交会，具有很高的定位精度和可靠性。而且，光束法利用物点连接起相邻像片，使计算单元扩大至成千上万张像片，与单个像对处理相比，可大大减少布设像片控制点的数量。当航摄使用 POS 系统时，光束法甚至可以实现无地面控制的摄影测量，这为困难地区、无人地区测绘和岛礁测绘乃至全球测绘带来了极大便利。光束法是摄影测量的标志性算法，迄今用途甚广。

四、摄影测量作业设备和生产流程

摄影测量解决了利用影像确定物方点位的定位算法后，更重要的是应用算法来实现摄影测量生产，取得测绘产品。数字摄影测量系统正是这样一种作业设备，它基于摄影测量算法设计开发出影像测绘功能，可高度自动化地生产多种形式的测绘产品。

(一) 数字摄影测量系统

数字摄影测量系统（Digital Photogrammetric System, DPS），或称数字摄影测量工作站（Digital Photogrammetric Workstation, DPW），是目前开展摄影测量工作的主要设备。国际上知名的数字摄影测量系统有 10 余种，国内的如 VirtuoZo、JX-4、MapMatrix 等，亦都是具有国际水平的系统。利用数字摄影测量系统，不但可以生产出多种形式的测绘产品，而且可以完成从数据处理到成果管理、分析、应用等多种任务。数字摄影测量系统的硬件组成有计算机、影像立体观测装置等，外设包括影像扫描数字化仪、输出设备等。

数字摄影测量系统的软件决定了系统的功能。系统软件通常包括数据管理模块、像对定向模块、影像匹配模块、DEM（数字高程模型）模块、DOM（数字正射影像）模块、数字测图模块等基本模块，还可包括卫星影像测图、近景摄影测量、空中三角测量等选用模块。

定向模块基本上以自动方式完成立体像对的相对定向、绝对定向等，建立物像变换关系；影像匹配模块以自动方式完成同名像点的寻找与量测；DEM 生成模块基于影像匹配成果来取得地面足够密集的高程点，自动生成 DEM。DEM 是对地表起伏形态的一种数字表达；DOM 生成模块利用 DEM 和定向结果自动生成地表正射影像图。顺便说明，正射影像图是地形图的一种，它具有与线画地形图相同的几何特性，但不采用符号表现地形，而主要采用影像表现地形；等高线生成模块可依据 DEM 自动绘制地形等高线线画图；数字测图模块则支持人工立体测绘，主要实现对地物要素的提取及用矢量形式表达。可见，数字摄影测量系统作业时，地貌要素由计算机自动提取，地物要素由作业员人工提取。随着数字摄影测量及其相关技术的发展，基于影像的全自动化测绘时代即将到来。

数字摄影测量的生产成果主要有 4 种，即数字高程模型（Digital Eleva-tion Model，DEM）、数字正射影像图（Digital Orthophoto Map，DOM）、数字线画图（Digital Line Graph，DLG）、数字栅格图（Digital Raster Graph，DRG）。它们是对地形从不同角度、不同形式的表达，通常也简称为"4D"产品。

实际上，随着计算机技术和地理信息技术的发展，对空间信息的表达和应用有了更生动的方式，数字城市即一例。数字城市需对城市地形进行大比例尺的三维建模，一定程度上可在虚拟环境中重现真实城市。摄影测量正是数字城市三维建模的主要途径和方法。其中，由 DEM 表达地形的高低起伏，由 DOM 表达地形的色彩和纹理，以及水域、绿地等地表物体形态，由建立的实体对象三维模型表达楼房、道路、桥梁、树木、雕塑等城市地物，并通过 GIS 技术集成在三维虚拟环境中。

需要说明的是，数字摄影测量系统本身也在发展之中。能够处理各种卫星影像、无人机影像，具有多重任务并行计算、网络远程管理、跨像对作业方式等功能的新一代数字摄影测量系统，也已经成熟应用，如 Pixel Fac-tory、DPGrid 等。

（二）航测制图生产流程

以上介绍的是摄影测量系统上的工作，称为内业。就整个摄影测量生产过程而言，它还包括外业工作。

其中，航空摄影是获取影像；像片控制是在实地选定像片控制点并测定其地面坐标；像片调绘是在判读识别影像上成图内容的基础上，实地加以调查确认，并将其表示在调绘像片上，供内业测图使用；空中三角测量是仅利用少量控制点来解得全测区的像片外方位元素和加密控制点坐标的过程；内业立体测图就是在数字摄影测量系统上生产测绘成果的过程。摄影测量成图大多采用立体测图方式。

值得说明的是，虽然航测制图分成不同的工序，特别是分内业和外业工序，但由于测绘科技的不断进步，自动化程度不断提高，外业和人工作业环节大大减少，故航测制图的内外业一体化已成为发展趋势。

五、无人机航测技术

传统的航空摄影测量曾被戏称为测绘技术中的贵族，无论是仪器设备、技术门槛，还是航测成本，甚至空域申请，都不是中小勘测单位能够承担的。这实际上长期制约了航测技术的充分应用。

得益于无人机（Unmanned Aerial Vehicle，UAV）技术的发展，小型的航摄系统被装载上了无人机，使得低空航空摄影变得如此简单和方便。再加上摄影测量和计算机视觉技术的发展，这必然推动无人机航测技术迅猛发展。

无人机低空摄影测量系统包括空中摄影系统、地面控制系统、数据处理系统3个部分。其中，空中摄影系统主要包含飞行平台、数码相机和自动驾驶仪，用来完成空中摄影工作；地面控制系统主要是由地面运输、无人机地面控制和数据接收与交换部分组成，用来完成无人机飞行控制、数据信号接收工作；数据处理系统主要包括航线设计、影像质量检查和数据后处理软件，用来完成摄影测量任务。

与传统的大飞机航空摄影测量相比，无人机航测技术在本质上并无区别，但在影像获取、处理和应用方面，具有自身特点。无人机航测具有机动灵活、快速高效、精细准确、作业成本低、适用范围广、生产周期短等优点，在小区域和飞行困难地区高分辨率影像快速获取方面具有明显优势，已成为测绘地理信息科技进步的增长点及行业发展的推动力。无人机航测广泛应用于国家重大工程建设、灾害应急与处理、国土监察、资源开发、新农村和小城镇建设等方面，尤其在基础测绘、土地资源调查监测、土地利用动态监测、数字城市建设和应急救灾测绘数据获取等方面具有广阔前景。这大大拓展了传统摄影测量的服务领域。

因无人机飞行平台的特性，使得无人机航摄影像和传统航摄影像之间也有一定的差异。例如，由于无人机搭载的是非量测数码相机，飞行高度低、飞行平台不稳定等，导致拍摄影像像幅小、构像几何质量差、单张影像覆盖范围小、拍摄覆盖效率低、影像姿态角有可能超过10°，这些会影响后续处理的难度、精度和可靠性。为了保证摄影测量成果质量，无人机影像重叠度要比传统航摄影像的重叠度大很多，通常航向重叠度设置为70%～85%、旁向重叠度设置为35%～55%，并通过大力发展自动化处理软件来很好地解决产业化应用问题。

无人机航测除了对传统航空摄影测量方式形成有力补充外，适应其低空飞行的特点，近年来发展出了倾斜摄影测量（Oblique Photogrammetry）这一高新技术。它突破了传统航测单相机只能从垂直角度拍摄获取正射影像的局限，通过在同一飞行平台上搭载多台影像传感器，同时从垂直、倾斜多个不同角度采集影像，以获取地物更加全面的地物纹理细节，为用户呈现符合人眼视觉的真实、直观世界。由于特殊的拍摄方式，倾斜摄影不但能获取地物全方位的影像，而且对同名地物的覆盖可多达几十张影像，这有利于提高地形三维建模的质量，当然也对相应的图像处理方法和软件带来巨大挑战。倾斜摄影测量已广泛服务于城市实景三维建模和灾害应急响应勘察等领域，并正为航测成图技术带来变革。

第三节 遥感技术的原理方法与应用

一、遥感的定义和分类

(一) 遥感的定义

遥感是20世纪60年代发展起来的对地观测综合性技术，通常有广义和狭义的理解。

遥感一词来自英语 remote sensing，即"遥远的感知"。广义理解，泛指一切无接触的远距离探测，包括对电磁场、力场、机械波（声波、地震波）等的探测。狭义的理解，遥感是应用探测仪器，不与探测目标相接触，从远处把来自目标的电磁波记录下来，通过分析揭示出物体的特性及其变化的综合性探测技术。

(二) 遥感系统

根据遥感的定义，遥感系统包括被测目标的信息特征研究、信息的获取、信息的传输与记录、信息的处理和信息的应用五大部分。

任何目标物都发射、反射和吸收电磁波，这是遥感的信息源。目标物与电磁波的相互作用，构成了目标物的电磁波特性，它是遥感探测的依据。

接收、记录目标物电磁波特征的仪器称为传感器，如扫描仪、雷达、摄影机、辐射计等。

装载传感器的载体称遥感平台，主要有地面平台（如遥感车、地面观测台等）、空中平台（如飞机、气球等）、空间平台（如人造卫星、宇宙飞船、空间实验室等）。

传感器接收到目标地物的电磁波信息，记录在数字磁介质上，并通过卫星天线传输至地面接收站。

地面站接收到遥感卫星发送来的数字信息，记录在磁介质或光介质存储器上，并进行一系列的处理，如信息恢复、辐射校正、卫星姿态影响校正、投影变换等，再转换为用户可使用的通用数据格式，才能被用户使用。

地面站或用户还可根据需要进行图像的精校正处理和专题信息处理等。

遥感获取信息的目的是应用。这项工作由专业人员按不同的应用目的进行。在应用过程中，还需进行大量的信息处理和分析，如不同遥感信息的融合及遥感与非遥感信息的复合等。

总之，遥感技术是一个综合性的系统，它涉及航空、航天、光电、物理、计算机和信息科学以及诸多的应用领域，它的发展与这些学科紧密相关。

（三）遥感的分类

遥感的分类方法很多，主要有下列几种。

1. 按遥感平台分类

地面遥感：传感器设置在地表平台上，如车载、船载、手提、高架平台等。

航空遥感：传感器设置于航空器上，主要是飞机、气球等。

航天遥感：传感器设置于环绕地球的航天器上，如人造地球卫星、航天飞机、空间站等。

航宇遥感：传感器设置于星际飞船上，指对地月系统外的目标的探测。

2. 按传感器的探测波段分类

紫外遥感：探测波段在 $0.05 \sim 0.38\,\mu m$。

可见光遥感：探测波段在 0.38～0.76 μm。

红外遥感：探测波段在 0.76～1000 μm。

微波遥感：探测波段在 1mm～10m。

3. 按传感器工作方式分类

主动遥感：传感器主动发射电磁波能量并接收目标的后向散射信号。

被动遥感：传感器仅被动地接收目标物自身发射的和对自然辐射源反射的能量。

成像遥感：传感器接收的目标电磁辐射信号可转换成图像。

非成像遥感：传感器接收的目标电磁辐射信号不能形成常规图像。

4. 按遥感的应用领域分类

从大的研究领域可分为外层空间遥感、大气层遥感、陆地遥感、海洋遥感等。

从具体应用领域可分为资源遥感、环境遥感、农业遥感、林业遥感、渔业遥感、地质遥感、气象遥感、水文遥感、城市遥感、工业遥感及灾害遥感、军事遥感、测绘遥感等，还可以划分为更细的研究对象进行各种专题应用。

二、遥感的基本原理与方法

下面将以航天遥感为主介绍遥感的基本原理和方法。

(一) 遥感图像的成像原理及影像特征

1. 遥感平台

遥感平台是搭载传感器的工具。在遥感平台中，航天遥感平台目前发展最快，应用最广。航天平台的高度在 150km 以上，其中最高的是静止卫星，位于赤道上空 36000km 的高度上；其次是高 700～900km 的 LandSat、SPOT、MOS 等地球观测卫星。根据航天遥感平台的服务内容，可以将其分为气象卫星系列、陆地卫星系列和海洋卫星系列。

顾名思义，气象卫星主要用于获取气象信息。气象卫星的轨道分为两种，即低轨和高轨。低轨就是近极地太阳同步轨道，轨道高度为 800～1600km，南北向绕地球运转，对东西宽约 2800km 的带状地域进行观测，一日两次经过某地上空获取图像等观测数据。高轨指地球同步轨道，轨道高度为36000km左右，绕地球一周需24小时，相对地球静止，亦称为静止气象卫星，由3~4颗这样的卫星可形成空间监测网，对全球中低纬度地区进行全天时监测。

海洋卫星主要针对其特殊的观测对象，即海洋而设计，获取诸如海面温度、海流运动、海水浑浊度、海面粗糙度，以及风场、海冰、盐度、大气含水量等信息。

陆地卫星系列是航天平台中应用最广泛的一种。陆地卫星系列是指地球资源卫星（Earth Resources Satellite），继美国发射第一颗陆地卫星之后，俄罗斯、法国、印度、日本、加拿大、中国等都发射了陆地卫星。陆地卫星在重复成像的基础上，产生全球范围的图像，对地球科学的发展具有极大的推动作用。著名的陆地卫星有美国的LandSat和法国的SPOT等，中巴地球资源卫星（CBERS）也属此类。这类卫星的特点是具有中等分辨率、大视场角的快速观测能力，其轨道高度在700~900km，遥感图像的地面分辨率为几米至几十米，地面成像幅宽在100km以上，在对地观测精度、观测周期、用途和成本方面取得了一种平衡。在制图方面，中等分辨率的陆地卫星主要用于中小比例尺的专题制图。

2. 遥感传感器

传感器是获取遥感影像的装置。它能够探测、记录由地物反射或发射的电磁波，在不同的波段上形成影像。卫星遥感大多使用扫描成像式的传感器，具体有光机扫描成像和固体自扫描成像两种方式。

光机扫描成像：光机扫描成像仪的扫描镜在机械驱动下，随遥感平台的前进而摆动，依次对地面进行扫描。地面物体的电磁波辐射经扫描反射镜反射，再经透镜聚焦和分光，将不同波段的辐射分开，最后聚焦到感受不同波长的探测元件上。

固体自扫描成像：固体自扫描应用固定的探测元件，如电荷耦合器件（CCD）。探测元件垂直于飞行方向排成一行，通过遥感平台的运动对目标扫描成像。这种扫描成像方式也称为推扫式，是目前高分辨率遥感成像的主要方式。

高光谱成像：高光谱指高光谱分辨率，相应的有高光谱遥感（Hyperspectral Remote Sensing）。高光谱成像同样采用上述两种扫描成像方式，但因其成像方式有特殊之处，故单列于此。

雷达成像：微波遥感（Microwave Remote Sensing）是指通过微波传感器获取从目标地物反射或发射的微波辐射，经过分析处理来识别地物的技术。雷达是由发射机通过天线向目标地物发射一束很窄的大功率电磁波脉冲，然后用同一天线接收目标地物反射的回波信号并进行显示的一种传感器。不同物体回波信号的强度、相位不同，故经处理后，可测出目标地物的方向、距离等数据。侧视雷达的天线不是安装在遥感平台的正下方，而是在平台的一侧或两侧倾斜安装。天线向侧下方发射微波，并接收回波信号（包括振幅、相位、极化等）。侧向发射不但可以增大探测范围，而且有利于提高探测分辨率。有些机载侧视雷达两侧各可探测 100km。另外，波束的侧下方发射可使不同地形显示出更大的差别，使雷达图像更具有立体感。

3. 遥感影像特征

遥感图像是传感器探测目标的信息载体。遥感解译需要通过图像获取三方面的信息：目标地物的大小、形状及空间分布；目标地物的属性；目标地物的变化动态。相应地，将遥感图像归纳为三方面特征，即几何特征、物理特征和时间特征。这三方面特征的表现参数为空间分辨率、光谱分辨率、辐射分辨率和时间分辨率。图像的空间分辨率是指像元覆盖地面范围的大小。

辐射分辨率是指传感器接收波谱信号时，能区分的最小辐射度差值。在遥感图像上，其表现为像元的辐射量化级数。

时间分辨率是指对同一地点遥感成像的时间间隔，也称重访周期。

光谱分辨率是指传感器接收目标辐射波谱时，能区分的最小波长间隔。其间隔愈小，分辨率愈高。

自然界中的任何地物在发射、反射或吸收电磁波方面都具有固有的特性，如它们都有发射红外线、微波的特性，都有不同程度的反射和吸收外来的紫外线、可见光、红外线和微波辐射的特性，少数地物还有透射电磁波的特性。上述特性叫作地物的光谱特性。

多数传感器接收地物的反射电磁波。不同地物对入射电磁波的反射能力是不一样的，通常采用反射率来表示。它是地物的反射能量与入射的总能量之比，用百分率表示。地物的反射率随入射波长变化的规律，叫作反射波谱。地物的反射波谱一般用一条连续的曲线表示。多波段传感器将波区分成一个一个波段进行探测，在每个波段里传感器接收的是该波段的地物辐射能量的平均值。

地物的波谱是遥感技术的重要依据，它既是传感器工作波段的选择依据，又是遥感数据正确分析和判读的基础。显然，传感器的光谱分辨率愈高、波段数愈多，则愈有利于通过影像区分地物并获取地物的属性。

(二) 遥感图像处理及遥感图像处理系统

遥感图像处理包括辐射校正、几何纠正、图像增强、图像分类等基本内容。

1. 辐射校正

进入传感器的辐射强度反映在影像上就是亮度值 (灰度值)。该值主要受两个物理量影响：一是太阳辐射照射到地面的辐射强度，二是地物的光谱反射率。当太阳辐射相同时，图像上像元亮度值的差异直接反映了地物光谱反射率的差异。但实际测量时，辐射强度值还受到其他因素的影响而发生改变。引起辐射误差的原因主要有两个，一是传感器本身产生的误差；二是大气对辐射的影响。辐射校正就是消除影像的辐射误差。

辐射校正为图像的后续处理，如增强、分类提供了良好基础。

2. 几何纠正

利用遥感图像提取信息时，总是要求将提取的信息表达在某个参照坐标系中，以便进行图像信息的几何量测、相互比较、图像复合分析等处理。当原始影像上地物的形状、大小、方位等特征与在规定的系统中的表达不一致时，就产生了所谓图像几何变形。实用中，常用地球切平面坐标系作为参照坐标系。

遥感图像变形由多种因素造成，如传感器外方位变化、大气折光、地球曲率、地形起伏、地球旋转等。通常把传感器成像投影方式引起的图像变形也归入几何变形误差一起纠正。遥感图像的几何纠正就是通过几何变换将影像信息纳入参照坐标系中。

几何纠正的方法有两种：一种是针对具体的传感器成像方式建立严密

的构像方程，从而严格地对影像几何变形误差进行纠正；另一种是只考虑影像几何变形误差本身，不管其来源，用某种数学模型加以描述并改正。第一种方法的纠正精度高，但构像方程复杂，还需要有作业区域精确的数字高程模型（DEM）或进行立体测绘，故实施相对较难。第二种方法的纠正精度稍差，因为用数学模型描述几何变形误差总是近似的，但该方法实施方便，应用广泛。

3. 图像增强

传感器获取的遥感图像含有大量的地物特征信息。在图像上，地物特征信息以亮度（灰度）形式表现出来，当地物特征间表现的亮度差很小时，目视判读就无法辨认。图像增强的目的就是改善遥感图像的目视判读的视觉效果，以提高目视判读能力，它也是计算机自动分类的一种预处理。图像增强的实质是增加感兴趣地物与周围其他地物之间的光学反差。常用的数字图像增强方法有对比度变换、空间滤波、图像运算和多光谱变换等，通过改变颜色来提高图像目视效果也属图像增强的方法之一。

4. 图像分类

遥感图像的分类，就是对地表及其环境在遥感图像上的信息进行属性的识别和类别的区分，从而达到识别图像信息所对应的实际地物，提取所需地物信息的目的。分类有目视判读和计算机分类两种方法。目视判读是直接利用人类的自然识别能力，而计算机分类则是利用计算机技术来模拟人类的识别功能，是模式识别技术在遥感领域中的具体运用。

在模式识别中，我们把要识别的对象称为模式，把从模式中提取的一组反映模式属性的量测值称为特征。模式特征被定义在一个特征空间中，利用统计决策的原理对特征空间进行划分，以区分具有不同特征的模式，达到分类的目的。遥感图像模式的特征主要表现为光谱特征和纹理特征两种。解决模式识别问题的数学方法，亦分为两大类，即统计方法和结构方法，通常称为统计模式识别和结构模式识别。

统计模式识别的出发点是把模式特征的每一个观测量视为从属于一定分布规律的随机变量。在多维观测的情况下，则把特征的各维观测值的总体视为一个随机矢量，每个随机矢量在一个多维特征空间中都有一个特征点与之对应。所有特征点的全体在特征空间中将形成一系列的分布群体，每个分布群体中的特征点被认为是具有相似特征的，并可以划为同一个类别。最后，设法找到各个分布群体的边界线（面）或确定任意特征点落入每个分布群体中的条件概率，并以它们为判据来实现特征点（或其相应的识别对象）的分类。由多波段图像亮度构成的特征称为光谱特征。基于光谱特征的统计分类法是遥感分类处理在实践中最常用的方法。

纹理（texture）是由紧密集合的单元组成的几何图形结构，具有局部不规则而统计有规律的特性。遥感图像的纹理特征与其光谱特征一样对图像模式识别起着关键的作用。例如，人们之所以能从一幅彩色图像上区分出不同的地物，一是通过颜色的区别，即依据光谱特征，二是通过不同彩斑之间形状、大小、方向等性质的比较，即依据纹理特征。这两种特征在遥感图像分类中相互关联，互相补充。以目前的技术水平而言，人们对光谱特征的数学描述相对于纹理特征的数学描述而言更接近于人的自然识别能力，因而目前以光谱特征为主是合理的。但是，随着遥感图像几何分辨率的不断提高，纹理特征分类技术也将不断完善和实用。

随着模式识别技术与人工智能结合，近年来出现了以机器学习为代表的遥感图像分类方法。机器学习方法无须像统计方法那样由人工设计数学模型，而是一类能从数据中自动分析获得规律，并利用规律对未知数据进行预测的算法。例如深度学习可从原始数据出发，不经过人工设计模型，通过自主学习得到数据的深层表达，也就是对原始数据与分类结果构建映射关系，这更接近以人脑的方式来感知和表达数据。

5.计算机辅助遥感制图

遥感制图就是在图像辐射校正、几何纠正、图像增强、图像分类等处理的基础上，将提取的专题信息进行可视化表达。计算机辅助遥感制图是在计算机技术支持下，根据地图制图学原理，应用数字图像处理和数字地图编制技术，实现遥感影像图件制作和成果表现的技术方法。计算机辅助遥感制图是在20世纪70年代以后发展起来的制图方法，它将数字制图和遥感图像处理等技术相结合，实现了遥感信息处理、提取、存储、表达、输出的一体化。

需说明的是，遥感影像制图比例尺超过1∶25000时，最好使用基于构像方程的严格几何纠正方法，如采用遥感立体测图方法。

6. 遥感图像处理系统

大容量、高速度的计算机与功能强大的专业图像处理软件相结合，已成为图像处理与分析的主流，常用的 ERDAS、ENVI、PCI、ER-MAPPER 等商业化软件已为广大用户所熟悉。

ERDAS IMAGINE 是美国 ERDAS 公司开发的专业遥感图像处理与地理信息系统软件，它以先进的图像处理技术，友好、灵活的用户界面和操作方式，面向广阔应用领域的产品模块，服务于不同层次用户的模型开发工具，以及高度的遥感图像处理和地理信息系统集成功能，为遥感及相关应用领域的用户提供了内容丰富且功能强大的图像处理工具，广泛应用于资源调查、区域规划、环境保护、灾害预测与防治、灾后评估及工程建设等领域。ERDAS IMAGINE 的主要功能模块：视窗操作模块、输入输出模块、数据预处理模块、影像数据库模块、图像解译模块、图像分类模块、专题制图模块、空间建模模块、雷达模块、矢量模块、虚拟 GIS 模块等。

应用遥感图像处理系统，可以十分方便地开展遥感图像处理并完成各种专题图的制作和数据建库，直至空间分析。例如，应用数据预处理模块（Data Prep），可完成遥感图像的几何纠正、拼接镶嵌、子区裁剪、投影变换等处理；应用图像解译模块（Interpreter），可完成遥感图像的空间增强、辐射增强、光谱增强、地形分析、GIS 专题分析等功能。

三、遥感技术的应用

空间遥感对地观测得到全球变化信息已被证明具有不可替代性。由遥感观测到的全球气候变化、厄尔尼诺现象及影响、全球沙漠化、海洋冰山漂流等的动态变化现象，已经引起人们广泛的重视；海洋渔业、海上交通、海洋环境等方面的研究中，遥感也已成为重要角色；矿产资源、土地资源、森林草场资源、水资源的调查和农作物的估产等，都缺少不了遥感技术的应用；遥感在解决各种环境变化，如城市化、沙漠化、土地退化、盐渍化、环境污染等问题方面也具有独特的作用。此外，在灾害监测，如水灾、火灾、震灾、多种气象灾害和农作物病虫害的预测、预报与灾情评估等方面，遥感正发挥着巨大的作用；在各种工程建设中，不同尺度、不同类型的遥感也在不同层次上发挥着作用，如水利工程、港口工程、核电站、路网、高铁、城市规划等，都从遥感图像取得重要的信息。以下就遥感应用较为成熟的几个领域略做阐述。

（一）遥感在农业中的应用

1. 土地资源调查与监测

土地资源是包括气候、地形、表层岩石、土壤、植被和水文等自然要素的综合体。遥感技术的多光谱和多时相特性，十分有利于以绿色为主体的再生资源（如植物、水体、土地利用等）的研究。遥感技术是调查土地资源数量、质量和分布的重要手段。

利用同一地区不同时相的遥感影像进行叠加、解译及对比分析，就可以准确地看出该地区土地资源的变化。因此，遥感技术对于土地资源的动态监测，特别是对于交通不便或面积广大的地区的监测，具有极大的优越性。

2. 农作物估产与监测

农作物产量对于一个国家的经济发展影响较大，每年预测农作物的产量十分重要。

农作物估产分两个方面：一方面是大面积估产，它用卫星影像进行生态分区，在各个生态区内根据历史产量建立各自的产量模拟公式，并根据每年的气候条件进行修正；另一方面是小区估产，它是将大比例尺航片与小比例尺卫星影像结合使用的一种估产方法，这一方法集统计估产、农学估产、气象估产和遥感光谱估产于一体进行综合遥感估产。

3. 农作物生长状况及其生长环境的监测

利用多波段遥感图像可以进行作物生长状况及其生长环境的监测，包括两个方面：一方面，通过绿色植物的红光吸收波段和近红外反射波段的光谱特征，对影像进行不同绿度值的处理，提取叶面积指数和叶倾角分布信息，从而了解作物的生长状况；另一方面，通过卫星影像背景值和热红外波段的影像特征来了解土壤的含水量及肥力，从而了解作物的生长环境。

（二）遥感在林业中的应用

1. 森林资源调查与动态监测

森林资源的遥感调查可以查清资源的数量、质量、分布特征，掌握森林植被的类型、树种、林分类型、生长状况、宜林地数量和质量等各种数据。根据同一林区不同时相的遥感图像，可以获得不同时期森林区划图和蓄积量，进一步对比分析，即可了解森林资源变化的情况。根据其变化规律，可以实现对森林资源的动态监测和经营。

2. 森林虫害的监测

森林虫害是影响林业持续发展的主要因素。据统计，我国松林等针叶林约占全部森林面积的 50%，每年松毛虫危害松林面积 5000 万亩以上，年损失木材生长量 1000 万立方米，生态环境受到的影响则更为严重。因松毛虫灾多发生在人烟稀少、交通不便的山区，常规地面监测方法很难迅速、全面、客观地反映虫情发生动态，从而不能及时、有效地采取防治措施。

利用遥感图像监测森林虫害的技术依据：当森林遭到灾害侵袭时，在不同尺度上 (细胞、树枝、单株树、林分、生态系统) 会产生相应的光谱变化，这就是出现诸如变色、黑斑症、失叶、树死及森林生态系统发生变化的征兆。遥感影像光谱特征的异常可以准确反映森林遭受病虫害的影响。

(三) 遥感在地质矿产勘查中的应用

1. 区域地质填图中的应用

遥感技术在地质调查中的应用，主要是利用遥感图像的光谱、形状、纹理、阴影等标志，解译出地质类型、地层、岩性、地质构造等信息，为区域地质填图提供必要的数据。

区域地质填图是区域地质调查的主要内容，应用遥感技术开展区域地质填图省时、省力、省经费，对加快填图速度和保证填图质量有明显效果，为遥感技术在这一领域的推广和实施起到了十分重要的作用。

2. 矿产资源调查中的应用

遥感技术在矿产资源调查中的应用，主要是根据矿床成因类型，结合地球物理特征，寻找成矿线索或缩小找矿范围，通过成矿条件的分析，提出矿产普查勘探的方向，指出矿区的发展前景。

3. 工程地质勘察中的应用

在工程地质勘察中，遥感技术主要用于大型堤坝、厂矿及其他建筑工程选址、道路选线以及由地震和暴雨等造成的灾害性地质过程的预测等方面。在水文地质勘察中，利用各种遥感资料（尤其是红外成像），可查明区域水文地质条件、富水地貌部位，识别含水层及判断充水断层。例如美国在夏威夷群岛，曾用红外遥感方法发现200多处地下水出露点，解决了该岛所需淡水的水源问题。

（四）遥感在水文和水资源研究中的应用

1. 水资源调查

利用遥感技术不仅能确定地表的江河、湖泊和冰雪的分布、面积、水量、水质等，而且对勘测地下水资源也十分有效。

对青藏高原地区，20世纪70年代后期，通过遥感图像解译分析，不仅对已有湖泊的面积和形状修正得更加准确，而且还补上了500多个遗漏的湖泊。

按照地下水的埋藏分布规律，利用遥感图像的直接和间接解译标志，可以有效地寻找到地下水资源。一般来说，遥感图像所显示的古河床位置、基岩构造的裂隙及其复合部位、洪积扇的顶端及其边缘、自然植被生长状况好的地方均可找到地下水。

地下水露头、泉水的分布在波长 $8 \sim 14 \mu m$ 的热红外图像上显示最为清晰。由于地下水和地表水之间存在温差，因此利用热红外图像能够发现泉眼。

2. 水文预报

水文预报的关键在于及时、准确地获得有关水文要素的动态信息。以往主要靠野外调查及有限的水文气象站点的定位观测，很难获得各种要素的时空变化规律。在人烟稀少、自然环境恶劣的地区，更难获得可靠资料。

而卫星遥感技术则能提供长期的动态监测情报。利用遥感技术可进行旱情预报、融雪径流预报和暴雨洪水预报等。遥感技术还可以准确确定产流区及其变化，监测洪水动向，调查洪水泛滥范围及受涝面积和预测灾害损失等。实际上，流域遥感监测已成为日常技术手段。

(五) 遥感在环境监测中的应用

1. 大气环境监测

在遥感图像上，城市雾霾、工厂排放的烟尘、火山喷发产生的烟柱、森林或草场失火形成的浓烟及大规模的尘暴等都有清晰的成像，可直接圈定污染范围，还可分析出烟雾浓度的分布状况，揭示扩散的规律，为采取防治措施提供依据。有些有害气体虽不能在遥感图像上直接显示出来，但利用间接解译标志——植物对有害气体的敏感性，能推断某地区大气污染的程度和性质。

城市热岛效应是现代城市因人口密集、工业集中而形成的市区温度高于郊区的小气候现象。由于热岛的热动力作用，形成从郊区吹向市区的局地风，把从市区扩散到郊区的污染空气又送回市区，使有害气体和烟尘在市区滞留时间增长，加剧了城市的污染。因此，城市热岛并不是单纯的热污染现象，而是影响城市环境的重要因素。红外遥感图像反映了地物辐射温度的差异，能快速、直观、准确地显示出热环境信息，为研究城市热岛提供了依据。

2. 水环境监测

在江河湖海各种水体中，污染种类繁多。利用遥感方法可以研究各种水污染，如泥沙污染、石油污染、废水污染、热污染、蓝藻污染和水体富营养化等。

3. 土地环境监测

土地环境遥感包括两方面的内容：一是对生态环境受到破坏的监测，如沙漠化、盐碱化等；二是对地面污染的监测，如垃圾填埋区土壤受污染等。

除了直接观测土壤，对土壤污染的监测还可以通过植物的指示作用来实现。土壤酸碱度的变化和某些化学元素的富集会使某些植物的波谱和外在的颜色、形态、空间组合特征出现异常，或者使一些植物种属消失，而出现另一些特有种属。据此规律反推，便可知土壤污染的类型和程度。

卫星遥感是世界先进国家和快速发展国家作为国家综合实力标志而争先发展的高新技术。经过数十年努力，卫星遥感在国土资源调查、环境监测、防灾减灾、城乡规划、农林生产、工程勘察、军事侦察与打击等方面得到了广泛应用。以上仅是遥感应用的一些举例,事实上,遥感应用远不止这些方面。随着遥感技术的发展,遥感应用的广度和深度还在不断扩大。因此,针对全球资源、环境和气候变化的综合观测及研究,已成为卫星遥感当前的发展重点。

第五章　其他测绘地理信息技术及其应用

第一节　全球卫星导航与定位系统及应用

一、全球卫星导航与定位系统概述

(一) 定位与导航的概念

1. 定位

定位是一种用于测量和确定事件、信息或目标的空间位置与发生时间的技术和方法。在测绘学中，定位指的是使用理论和技术来标定地表某一特定特征、事件或目标的空间位置。定位可分为绝对定位和相对定位两种形式。绝对定位是基于参考坐标系统直接测定信息、事件或目标的坐标位置。相对定位则是指在已知的坐标系统中，确定信息、事件或目标与其他已知或相关目标的位置关系。

2. 导航

导航主要是对移动目标的实时动态定位，常见的应用对象包括飞船、飞机、船舶、汽车和各类运载武器等。导航，即三维位置、速度和包括航向偏转、纵向摇摆、横向摇摆三个角度姿态的确定。导航功能，在广义上，是动态定位的一种表现形式。它的核心任务是确保运动目标能够安全且准确地按照预定路线及时到达目的地。导航的关键在于解答这样三个问题：我当前处于何处？我将前往何地？前往的路径是怎样的？

(二) 导航定位技术的分类

导航定位技术按照不同的方法和技术路径，可以分为航位推算导航、无线电导航、惯性导航、地图匹配、卫星导航和组合导航等。

1. 航位推算导航

航位推算导航是一种较为常见的自主式导航定位方法。该方法通过测量运载体的运动方向、航程距离（或速度、加速度、时间等参数），从而依据以往已知的位置来推断当前或未来的位置，绘制出一条运动轨迹。该技术的优点在于成本低廉、具备良好的自主性和隐蔽性，且在短时间内定位精度较高；缺点是，定位误差会随着时间的推移而迅速累积，不适合长时间运行，而且所得位置是相对于某个起始点的相对位置。

2. 无线电导航

无线电导航是依据电磁波的恒定传播速率和路径的可测性原理，通过接收和处理无线电信号来确定运动体位置的一种导航系统。无线电导航的原理主要基于电磁波的传播特性。电磁波在传播过程中，其传播速度和路径是可以测量和预测的。通过测量电磁波在空间传播时的电信号参数（如电波的幅度、频率及相位等），可以获取导航所需的几何参数，如角度、距离等。无线电导航技术被广泛应用于航空、航海、陆地车辆等领域。例如，在航空领域，无线电导航为飞机提供准确的方位、距离和位置信息；在航海领域，无线电导航帮助船只确定其在海洋中的位置；在陆地车辆中，GPS 系统就是一种典型的无线电导航应用。

无线电导航具有以下优点：①不受时间和天气的限制，可以全天候工作。②定位精度高，能够提供精确的位置信息。③定位时间短，能够在短时间内完成定位。④可连续、实时定位，能够持续不断地提供位置信息。⑤自动化程度高，操作简便，易于使用和维护。

尽管无线电导航有很多优点，但也存在一些缺点：易被发现，隐蔽性不好——由于需要辐射或接收无线电信号，使用者的位置容易被探测到。

3. 惯性导航

惯性导航是基于牛顿力学的三大定律，通过导航技术将载体引导至目的地的一种方式。惯性导航系统（INS）主要通过惯性测量设备，如陀螺仪和加速度计，来记录载体在空间中的角度和线性运动。系统依据载体运动的微分方程，实时且精确地计算出载体的位置、速度及姿态角。惯性导航系统按技术分为机械平台式和捷联式两大类。这种系统的优势在于高度自主和隐蔽，能够适应全天候和多功能需求，灵活性高。然而，其定位误差会随时间

累积，初始校准较为复杂，且成本相对较高。

4.地图匹配

地图匹配是一种依赖软件的定位修正技术，通过将实际定位数据与高精度电子地图上的道路信息进行比对，运用特定的匹配算法来确定车辆最可能行驶的路段及其在该路段上的精确位置。地图匹配过程主要包括两部分：首先是识别车辆当前所在的道路；其次是将定位点映射到该道路上。常用的地图匹配方法包括几何匹配算法和概率统计算法。这一技术的优点是能提高定位的精度，缺点则是覆盖范围受限，较依赖外部支持。

5.卫星导航

卫星导航系统通过接收来自导航卫星的信号，利用这些卫星作为动态的参考点，实时地确定运动对象的位置和速度，从而实现导航任务。全球卫星导航系统能够为全球任何地点的用户提供全天候的三维位置、速度和时间信息。这种系统包括美国的全球定位系统（GPS）、俄罗斯的格洛纳斯导航系统（GLONASS）、欧洲的伽利略定位系统（Galileo）及中国的北斗卫星导航系统（BDS）。

6.组合导航

组合导航是指将两种或多种不同的导航技术集成应用，以便它们的优点相互补充，克服各自的限制，从而提升导航性能。每种导航技术都有其独特的特性和局限，通过将多个系统结合，利用信息融合技术和先进的智能算法，可以实现最优的导航效果。组合导航系统的优势在于高精度、高可靠性、多功能性和实时性，对子系统的依赖较低。另外，它还能显著增强系统的可靠性和容错性，因此在导航技术领域得到了广泛应用并成为主要的发展趋势。

二、四大全球卫星导航定位系统与特点

(一) 四大全球卫星导航定位系统

全球卫星导航定位系统依托人造卫星组成的网络，是一种先进的无线电导航与定位系统。通过安装在地面或移动载体上的接收器，捕捉卫星发出的无线电信号，并经过精密处理，实现精确导航和定位功能。在全球卫星导

航定位系统普及之前，远距离导航和定位主要依赖传统的无线电导航系统，如罗兰 -C 系统、Omega 系统 (奥米伽) 和多普勒系统等。罗兰 -C 系统工作频率为 100kHz，由三个地面导航站组成，覆盖区域达 2000km，一般定位精度在 200 至 300 米之间。Omega 系统工作在几千赫范围内，由八个地面站构成，能够实现全球覆盖，精度可达数英里。多普勒系统则采用多普勒频移原理，通过分析频移来计算运载体的速度和偏航角，进而确定位置，属于自主导航类型。这些系统的局限在于工作区域较小，电波传播易受大气条件影响，且定位精度较低。

随着技术的发展，卫星导航定位技术已逐步取代了无线电导航、天文测量和传统地理测量方法，并催生了全新的导航定位技术。这些技术在精度、实时性和全天候操作方面，为导航领域带来了革命性的变革。卫星导航定位系统的巨大潜力及其在军事和经济领域的重要作用，促使各国和地区投入巨资发展自己的卫星导航系统。按照建设的时间顺序，包括美国的全球卫星定位系统（GPS）、俄罗斯的格洛纳斯卫星导航系统（GLONASS）、欧盟的伽利略卫星导航系统（Galileo）、中国的北斗卫星导航系统（COMPASS/BDS），这些构成了全球四大卫星导航系统，简称为 GNSS（Global Navigation Satellite System）。联合国已认定这四个系统为全球卫星导航系统的核心提供者。此外，印度和日本也在积极建设自己的卫星导航系统。

(二) 全球卫星导航定位系统的特点

全球卫星导航定位系统以高精度、全天候、高效率、多功能、操作简便、应用广泛等特点著称。

1. 定位精度高

以 GPS 为例，相对定位精度在 50km 以内可达 10^{-6}，$100 \sim 500km$ 可达 10^{-7}，1000km 可达 10^{-9}。在 $300 \sim 1500m$ 的工程精密定位中，1 小时以上观测的解其平面位置误差小于 1mm。

2. 观测时间短

随着卫星导航定位系统的不断完善，软件的不断更新，20km 以内相对静态定位仅需 $15 \sim 20$ 分钟；快速静态相对定位测量时，当每个流动站与基准站相距在 15km 以内时，流动站观测时间只需 $1 \sim 2$ 分钟，然后可随时定

位，每站观测只需几秒钟。

3. 测站间无须通视

全球卫星导航定位系统的一个显著特点是，其测站之间无须直接视线联系。只要测站上空没有遮挡，便可以进行定位，这极大地降低了建立测站的成本。不需要点对点的视线也意味着测点的选择更为灵活，可以根据实际需求进行稀疏或密集布置，从而避免了在传统的大地测量网络中对传算点和过渡点的依赖，简化了测量过程。

4. 可提供三维坐标

与传统的大地测量技术相比，全球卫星导航定位系统可以同时准确地提供测站点的三维坐标。传统测量通常需分别对平面和高程进行测量，而卫星定位技术则能一次性完成三维空间的定位，提高了效率和精度。

5. 操作简便

随着技术的进步，卫星导航定位接收机的自动化程度显著提高，操作变得更加简便。现代的接收机甚至达到了所谓的"傻瓜化"操作水平，使得普通用户也能轻松掌握和使用。

6. 全球性连续覆盖、全天候作业

全球卫星导航定位系统由多颗卫星组成，这些卫星分布合理，确保了全球任何地点都能同时接收到至少四颗卫星的信号。这种全球性的连续覆盖保证了系统能在任何天气条件下，包括阴天、夜间、雾天、风雨或雪天，24小时不间断地提供定位服务。

7. 功能多、应用广

全球卫星导航定位系统不仅用于定位和导航，还可以用于测速和测时。测速精度可达到 0.1 米 / 秒，测时精度则可以达到几十纳秒。随着技术的不断发展，该系统已经成为一个多领域、多模式、多用途和多机型的国际性高新技术产业。其应用领域也在不断扩展，覆盖了从民用到军事、从科研到商业的各个方面。

三、卫星导航定位系统的应用

卫星导航定位系统以其高精度、全天候的全球性功能广受推崇，提供连续的定位、导航及时间校准服务。该系统不仅定位迅速、成本低廉、使用方法灵活，而且操作简便，因此它已经发展成一个覆盖陆地、海洋及航空航天等多个领域的高科技国际产业。系统支持多种模式，如 GPS、DGPS 和 RGPS 等，适用于多种用途，包括导航制导、工程测量、大地测量、地球动力学、卫星定轨以及其他相关学科。此外，设备种类繁多，从机载、车载、船载到星载、弹载等都有涉及，并包括测地型、定时型、全站型、手持型、集成型等多种机型。

（一）卫星导航定位系统应用于民用领域

卫星导航定位系统（GNSS）在民用领域的应用非常广泛，其对提高生活质量、提升工作效率、确保安全和支持各种重要服务起着至关重要的作用。以下是卫星导航定位系统在不同民用领域中的具体应用。

1. 应用于导航

航海导航与引水服务：在航海领域，卫星导航定位系统不仅用于远洋航行中的位置确认和航向控制，还在进港时为船舶提供精确的引水服务。这极大地提高了船舶的安全性和效率。

航空引导与降落：在民航领域，飞机利用卫星导航系统进行航线规划和飞行路径的跟踪，尤其在复杂天气或低能见度条件下，卫星导航是飞机安全进场降落的关键技术。

汽车自主导航：现代汽车广泛配备了卫星导航设备，这使得驾驶者能够在不熟悉的环境中轻松驾驶，显著提升了行车的便捷性和安全性。

地面车辆跟踪与智能交通管理：卫星导航技术被用于车辆跟踪系统，帮助管理者监控车辆位置，优化路线，提高物流效率。同时，也是城市智能交通系统不可或缺的一部分，用于交通流量控制和事故预防。

紧急救援：在紧急情况下，卫星导航定位系统能迅速定位受困或需要援助的人员位置，是现代救援行动中的重要工具。

个人旅游与野外探险：对于旅游者和探险者而言，卫星导航设备提供了必要的方向指导和位置信息，保障了他们在陌生或偏远地区的安全。

个人通信终端集成：现代通信设备如智能手机、PDA 等，普遍集成了卫星导航功能，提供地理位置服务，极大地丰富了移动通信的应用场景。

2.应用于授时校频

网络时间同步：在电力、邮电、通信等行业，卫星导航系统提供的精确时钟同步功能保证了整个网络操作的高效和准确。

准确时间与频率输入：通过卫星信号，相关设备能够获得国际标准时间和频率，用于科研和技术开发中的高精度测量。

3.应用于高精度测量

大地控制网与坐标系统建立：卫星导航定位技术用于建立国家和地区的大地控制网，这是进行地理空间数据采集的基础。

水下地形测量：卫星技术支持水下地形的精确测量，对海洋工程和研究具有重要意义。

地壳形变与地质灾害监测：卫星导航系统在监测地壳形变、预警地质灾害以及对桥梁、大坝等大型建筑的形态变化提供了实时、精确的数据支持。

GIS 应用：在地理信息系统中，卫星导航和定位技术提供了地理位置数据，是 GIS 数据采集和更新的关键技术。

工程机械控制：在建筑和工程领域，如集装箱吊车、推土机等重型机械的操作中，卫星导航技术被用于提高操作的精度和效率。

精细农业：卫星导航技术在现代精细农业中扮演着重要角色，帮助农民进行土地测绘、作物监测和精确施肥等。

(二) 卫星导航定位系统应用于军事领域

卫星导航定位系统在军事领域的应用极为关键。该技术为各类军事运载工具提供导航功能，如对弹道导弹、巡航导弹、空对地导弹以及制导炸弹等精确打击装备进行制导，极大提高了武器的精准度与威力。卫星导航已经成为现代武装力量的核心支持系统，有效地增强了战斗力。此外，卫星导航与通信、计算机以及情报监视系统的结合，能够构建起多兵种联合作战指挥系统。在执行精确定位和时间同步的战术任务时，如布雷、扫雷、目标拦截、全天候空投、近空支援、协同轰炸、搜救行动、无人机操控与回收、炮兵观察定位、迅速部署炮兵及军事地图的快速绘制等，卫星导航显示出其不可替代的作用。它还被用于靶场中高动态武器的追踪和精确弹道的测量，同时也为时间统一勤务的实施和维持提供了支持。

随着全球军事科技的进步，电子战、信息战和远程作战成为现代军事理论的核心。在此背景下，卫星导航定位系统作为强大的军事传感器，已在空中战斗、远程作战、导弹战、电子战和信息战中扮演了至关重要的角色。未来，对于导航系统控制权的争夺将转化为导航战的一部分。其中，掌握了先进的卫星导航技术的一方，将显著提升其在未来战场中的主导地位。

第二节 "3S"技术集成的典型应用领域

一、"3S"技术集成概述

(一)"3S"定义

"3S"是指遥感技术（Remote Sensing, RS）、地理信息系统（Geographical Information System, GIS）与全球定位系统（Global Positioning System, GPS）的英文首字母缩写。这一术语融合了空间技术、传感器技术、卫星定位及导航技术，以及计算机和通信技术，实现了多学科的高度集成，用于空间信息的采集、处理、管理、分析、展示、传播与应用，是现代信息技术的重要组成部分。在测绘学界，有时也提到"5S"，即在"3S"基础上增加数字摄影测量系统（Digital Photogrammetry System, DPS）和专家系统（Expert System, ES），尽管此种扩展并未广泛被其他行业接纳。自20世纪90年代"3S"概念首次提出以来，便受到了广泛关注。这三种技术在空间信息管理领域各有卓越之处，都能独立实现其特有功能。例如，GPS和RS专注于目标空间信息的获取，GIS则处理空间数据的储存、分析、处理与展示。然而，这三者各自的重点仅满足了地理信息流描述的部分需求。经过数十年的独立发展与并行进步，人们逐渐意识到这三种学科的优势是互补的，并在实际应用中推动了它们的整合和综合。例如，GIS能为GPS提供定点查询的专题信息，GPS则帮助GIS更新空间位置数据；GIS为RS提供几何配准和分类辅助，RS则更新GIS的区域信息；GPS协助RS进行几何校正和分类验证，RS为GPS提供定位和遥感信息查询。

"3S"技术的融合应用实现了技术间的互补，构建了"一个大脑，两只眼睛"的结构框架。其中，RS 和 GPS 向 GIS 提供必要的区域与定位信息，GIS 则负责进行空间分析，从 RS 和 GPS 获取的大量数据中筛选出有价值的信息进行深度整合，为决策过程提供科学的参考依据。近些年，随着众多卫星导航系统的崛起，出现了一个新的术语——全球导航卫星系统（Global Navigation Satellite System，GNSS），这一术语包含了所有卫星导航系统，如美国的 GPS、俄罗斯的 GLONASS、欧洲的 Galileo、中国的 BDS，以及其他的区域性和增强型系统，如美国的 WAAS（广域增强系统）、欧洲的 EGNOS（欧洲静地导航重叠系统）和日本的 QZSS（准天顶卫星系统）等。随着 GNSS 技术的迅速发展和广泛运用，"3S"体系中原有的 GPS 逐渐被 GNSS 取代。

（二）集成的含义

"3S"集成，英文称之为 3S Integration，其中"Integration"在中文中通常被解释为整体、集成、综合和一体化。在讨论系统时，我们常用"系统集成"来描述其含义；而在数据领域，则普遍采用"Data Fusion"即数据融合的说法，指的是将分散的数据进行有效整合。集成的核心思想在于在不同的系统或组件间建立起有机的联系，这些联系的形式多样，其紧密程度和性质也各不相同。对于"3S"集成来说，这种差异可以从广度、深度和同步性三个方面来探讨。

1. 广度的维度

广度主要指的是集成触及的子系统或要素的范围。"3S"集成包含了三种两要素的集成方式（RS+GIS、RS+GNSS、GIS+GNSS）和一种三要素的集成方式（GIS+RS+GNSS）。这种分类方式有助于我们理解不同集成模式在实际应用中的覆盖面和功能的扩展性。

2. 深度的维度

深度是指集成的紧密程度，包括数据层次、平台层次和功能层次三个层面。数据层次的集成通过数据传递来实现子系统间的联系，此时各个平台可能仍处于相对独立的状态，数据的传输通常依赖于网络或人工介入，这种方式的效率相对较低。平台层次的集成则是在一个统一的平台内，将两个或更多子系统的功能模块化实现，各模块虽共享同一界面和数据库，但保持一定的独立性。功能层次的集成更为深入，它不仅要求平台和数据库的统一，还需要根据特定的应用需求来设计功能菜单和模块划分，通常在同一模块内会整合多个子系统的功能实现。

3. 同步性的维度

同步性考察的是系统在处理数据时的时效性和实时性，主要包括完全同步、准同步和非同步三种类型。完全同步指的是数据的获取与处理是同时进行的，这要求数据采集和处理的速度必须完全匹配，形成一个连续的数据流。准同步则存在一定的时间差，这种差异主要因为数据处理的速度无法完全跟上采集的速度，导致数据的采集不得不在两次处理间有所间隔。非同步处理则表现为数据获取和处理之间有较长的时间间隔，这通常是由于数据传输的延时或技术上的局限所导致的。值得一提的是，同步和准同步不仅要求数据处理的集成，还要求数据采集的集成，因而成本相对较高，这种方式通常仅适用于需要实时监控和迅速反映的情况，如救灾、交通指挥或军事行动等。而在大多数常规应用场景中，非同步方式已能满足需求，且成本远低于其他两种方式。

（三）集成的方式

关于"3S"集成方式的探讨，目前主要分为两种流派：一是以地理信息系统（GIS）为核心的集成模式，其中遥感（RS）和全球导航卫星系统（GNSS）作为重要的信息来源和数据更新工具，不仅能够丰富系统内容，增强信息提取能力，还能确保系统的实时性。同时，GIS 能够为 RS 提供信息提取的辅助数据和专业分析，提升遥感数据的识别可靠性，并为 GNSS 定位采集的数据提供管理、分析及制图等功能。二是以遥感图像处理为核心的集成方式，通过 GNSS 与 RS 的结合，借助 GNSS 的高精度和高时间分辨率特点，提升 RS 的地面观测精度，并实现动态地面监测。

1. RS 与 GIS 集成

RS 与 GIS 的集成是"3S"集成中最重要也是最核心的内容。事实上，早在"3S"集成的概念被提出之前，学界已经开始探讨 RS 与 GIS 的结合，并在多个领域达成了共识。RS 与 GIS 的集成起点是 RS 能够为 GIS 提供稳定且可靠的数据源，而 GIS 则作为一种强大的空间数据处理与分析技术，不仅为 RS 提供空间数据的管理和分析，还能为遥感图像提供必要的地区背景信息，从而提升图像的解析精度。在航空遥感的年代，一种常见的操作是先将航空图片解析成图，再进行数字化处理以导入 GIS。虽然这种方式效率较低，但由于航空遥感的覆盖周期长且影像数量少，所以低效率带来的问题并不突出。进入航天遥感时代后，遥感影像数量急剧增加，空间分辨率也在不断提高，这使得原有的矛盾愈发明显。于是，人们开始尝试使用计算机图像处理技术自动化处理 RS 影像，并将处理结果传输至 GIS 中，进一步形成了集成的新思路。RS 与 GIS 的集成可以在数据、平台和功能三个层面上进行，通常采用异步方式进行。数据结构的转换曾是集成的一大挑战，因为早期的 GIS 主要采用矢量数据结构，而 RS 则使用栅格数据结构。如今，大多数 GIS 系统能够同时处理矢量和栅格两种数据格式，该问题已得到基本解决。现如今，RS 与 GIS 的一体化集成应用技术已日趋成熟，在地物分类、灾害评估和变化监测等领域都有了实际应用。

2. GIS 与 GNSS 集成

GIS 与 GNSS 的结合采用了 GIS 的电子地图功能及 GNSS 的实时定位能力，为用户提供一种综合的空间信息服务。这种服务通常以实时集成的形式出现。具体来说，GNSS 负责提供动态的空间点绝对位置，而 GIS 则处理地球表面地物的静态相对位置，两者通过统一的大地坐标系统相互连接。在实际使用中，若非集成模式，单独使用 GIS 和 GNSS 时往往会遇到两大问题：一是仅凭目测将实地位置与图上位置对应起来，这种方法不仅速度慢，而且准确度也很低；二是在需要动态定位或缺少参照物的环境中，确定实地位置与图上位置的关系成为难题，这时只能依赖目测来确定测点附近地物的位置，由于人眼的视野限制和无法进行量化，这种方法在信息量和准确性上大打折扣。因此，在需要动态绝对位置信息和静态相对位置信息的应用场景，如电子导航、自动驾驶、公安侦查、实时数据采集和更新等领域，GIS 与 GNSS 的集成几乎成为必选方案。具体来说，存在以下几种集成模式：① GNSS 单机定位 + 栅格式电子地图；② GNSS 单机定位 + 矢量电子地图；③ GNSS 差分定位 + 矢量 / 栅格电子地图。

3. GNSS 与 RS 集成

GNSS 和 RS 的集成主要目标在于利用 GNSS 的高精度定位功能，解决

RS 在定位上的难题。这种集成既可以实施同步方式，也可以采用非同步方式进行。传统遥感定位技术多通过立体测量和二维空间变换等方法，先确定影像的位置和姿态，或者变换系数，进而定位地面目标点，以生成 DEM 和地学编码图像。然而，此种方式既耗时又费力，尤其在地面无控制点的情况下，定位尤为困难，影响数据实时性。GNSS 的高效定位能力，能够支持 RS 影像的即时处理和快速编码。其核心是通过 GNSS 与惯性导航系统（INS）的组合，同步记录传感器的空间位置（X，Y，Z）和姿态参数（φ，w，k），利用专用软件快速实现地学直接编码。

4. "3S" 整体集成

"3S" 整体集成模式包括以 GIS 为核心和以 GNSS/RS 为核心的两种方式。前者主要侧重于非同步数据处理，通过 GIS 平台整合和管理包括 RS 和 GNSS 在内的多源空间数据，实现数据的综合处理、动态存储和集成管理。这可以视为 RS 与 GIS 集成的一种延伸。后者则专注于同步数据处理，结合 RS 和 GNSS 提供的即时空间信息及 GIS 的数据库和分析功能，支持动态管理和实时决策的在线空间信息服务。此模式要求多种信息的采集与处理平台集成，并依赖实时通信，因此成本较高。例如，加拿大的车载 "3S" 集成系统（VISAT）和美国的机载 / 星载 "3S" 集成系统，是后者集成方式的成功案例。GIS、RS 和 GNSS 三者集成应用，构成了整体、实时和动态的对地观测、分析应用系统，提高了 GIS 的应用效率。

（四）集成的关键技术

从空间信息系统及信息集成的角度出发，"3S" 系统涉及众多关键技术和挑战性问题。这些关键技术主要包括高分辨率卫星技术、时空信息基础设施建设、大规模数据存储及元数据的交换与共享、空间数据挖掘与知识发现，以及数据可视化技术等。

1. 高分辨率卫星技术

在过去几十年间，卫星遥感影像技术在空间、光谱及时间分辨率上均实现了显著进步。高时间分辨率遥感技术和高空间、高光谱遥感技术的结合，将成为遥感科技发展的新方向。这种技术能够精确反映地表物质的类型和物理化学特性，并监测其高频率的变化。

2. 时空信息基础设施

在现代社会，随着数字技术的迅速发展，人们在使用数字地球进行信息处理、发布及查询的过程中，越来越多的信息显示出与地理空间位置的密切关联。无论是查询两地之间的交通方式，还是搜索具体的旅游景点和路线，都离不开地理空间的参考。如果没有一个完善的空间数据参考框架，数字地球上的信息就无法与地理空间有效对接。因此，构建一个国家级的空间信息基础设施成为必然的选择。

国家空间信息基础设施（National Spatial Information Infrastructure,NSII）的核心在于支持地理空间信息的网络集成和共享。这种基础设施由多个关键部分构成，包括国家级的公用地理空间信息获取和处理系统、通信网络系统、基础地理空间信息资源、地理空间信息标准规范体系以及相应的政策法规和组织体系。NSII 的主要功能包括协调管理空间数据、提供空间数据分发体系和机构、建设空间数据交换网站、制定空间数据交换标准，以及建立一个全面的数字地球空间数据框架。

国家空间信息基础设施的发展水平直接关联到国家安全和政府管理决策的现代化程度。事实上，这已经成为全球范围内信息基础设施建设和高技术应用的关键组成部分。继我国之后，其他发达国家也相继制定和实施了类似的计划。例如，欧盟推出的欧洲空间信息共享基础设施（Infrastructure for Spatial Information in the European Community,INSPIRE）计划，加拿大推出了地理空间数据基础设施计划，澳大利亚则提出了空间数据基础设施计划等。这些计划都是基于各国对空间信息资源特点的深入理解和各自基础设施建设项目的特殊需求。

进一步讲，时空信息基础设施则是在空间信息基础设施的基础上，融入了时间元素，更加全面地体现了数据信息的历史性、动态性和关联性。这种基础设施涵盖了时空数据的获取、处理、访问、分发和有效利用所需的政策、技术、标准及基础数据集和人力资源，是一个提供时空产品与服务的综合性工程设施，服务范围广泛，包括从物联网、云计算、大数据到"地理信息＋"、空间地理信息集成等多个领域。随着新技术的持续发展，特别是在物联网、云计算、大数据等技术领域的突破，对于时空信息基础设施的建设需求越来越迫切。这些技术不仅提高了时空信息基础设施的数据处理能力和效率，也使得所提供的服务更加丰富和高效。通过这些先进的技术，可以更好地集成和应用"3S"技术（遥感、地理信息系统、全球定位系统），使数字地球的功能更加强大，更好地服务于国家发展和民众生活。

3. 大规模数据存储及元数据交换与共享

在对地观测技术及传感器性能持续进步的背景下，高分辨率的对地观测数据被大量采集，数据量正以几何级数的速度增长，从 GB 级、TB 级迅速扩展至 PB 级。在这种情况下，如何更有效、更有序地存储和管理这些庞大的数据集，建立统一的存储组织标准，包括基准、尺度、时态及语义，并实现信息的快速共享与分发，已成为空间信息科学领域以及相关业务应用部门极为关注的问题。特别是由于"3S"技术生成的数据常与地理空间位置紧密相关，因此高效地存储这些海量数据的一个关键策略在于整合遥感数据的空间特性，建立一个合理、科学且统一的全球遥感数据存储组织模型及相应的存储架构。

在处理这些海量数据时，建立一个功能全面的元数据（metadata）库显得尤为重要。元数据详细记录了数据的名称、位置、属性等关键信息，通过对元数据的高效检索和管理，可以避免直接操作庞大数量的原始数据，从而显著减少用户在查找所需数据时花费的时间，这是实现数据共享与快速访问的核心。然而，元数据的来源多样，其结构也因此不尽相同。这种差异使得传统的数据存储和管理模式难以直接适应来自不同源的数据。因此，为了优化数据的存储效率和提高共享及查询的效率，对来自不同源的元数据进行标准化处理变得至关重要。通过建立一套标准化的元数据描述基础，可以为数据的共享和交换提供一个通用的框架，极大地促进了数据管理的现代化和国际化。

4. 空间数据的挖掘和知识发现

"3S"技术体系下的数据处理能力迅猛提升，数据量的快速增加极大地丰富了数据资源。然而，在当前阶段，这些数据中隐藏的知识尚未被充分发掘和应用，形成了"数据泛滥、知识匮乏"的局面。为了高效地挖掘和利用"3S"管理下的庞大空间数据，我们必须对这些数据进行集成处理和深入分析。20 世纪末，随着多学科的交融和相互促进，出现了数据挖掘与知识发现（Data Mining and Knowledge Discovery, DMKD）这一跨学科的新兴领域。该领域融合了数据库技术、人工智能、机器学习、统计学、粗糙集、模糊集、神经网络、模式识别、知识库系统、高性能计算及数据可视化等多个学科。

空间数据挖掘专注于从空间数据库中提取未明显显示的隐含知识和空间关系，探索其中有价值的特征和模式。然而，仅依靠终端用户分析空间数据并从中提取知识或特征是不切实际的。因此，自动从空间数据库中挖掘知识、探索隐含的空间信息变得至关重要。运用空间数据挖掘与知识发现的技术，可以更深入地理解和分析观测到的大量数据，从而揭示其内在规律和知识；并有效地应对"数据丰富但知识贫乏"的问题。

5. 空间信息可视化技术

在"3S"系统中，可视化扮演着与人互动的桥梁和关键工具的角色。所谓空间信息可视化，是指通过计算机图形与图像处理技术，把复杂的科学数据和自然景观，以及某些抽象概念转换成图形的过程。这一过程包括使用地理信息学和计算机图形图像技术来输入、查询、分析和处理地学信息，并通过图形、图像结合图表、文字及报表，以可视化的形式进行交互处理和展示。在"3S"系统中，采用的可视化方法涵盖了二维、二点五维以及三维可视化技术。特别是三维空间信息可视化，它以高效的数据利用率、逼真的三维表现力以及其帮助人们容易发现和理解科学规律的能力，成为空间信息可视化技术发展的趋势。

技术实现途径上，空间信息的三维可视化大致可分为基于矢量图形信息的三维可视化和基于实景影像信息的三维可视化两种类型。前者主要是基于地形或地物特征数据，通过计算机先构建三维几何模型，再从特定的观察点和方向，进行着色、遮挡处理、光照效果、纹理映射及投影处理，最终生成虚拟场景。随着数字摄影测量、计算机视觉及虚拟现实等技术的进步，从立体正射影像、核线影像或全景序列影像直接构建人工立体视觉和立体量测环境的方法，已经成为一种经济而快捷的技术路径。这两种方法的有机融合，是空间信息三维可视化技术发展的一大特色。

二、"3S"技术集成的典型应用领域

"3S"技术包括 RS、GIS 和 GNSS，因其互补的功能特性，各种集成方

案能够相互取长补短，发挥各自的优势，并带来新的功能。单独使用 RS、GIS 和 GNSS 时，可以提升空间数据的采集与处理的精度、速度与效率。而在"3S"技术集成的情境下，不仅在这三方面表现出色，更在动态性、灵活度和自动化方面展现出其独特优势。动态性主要表现在数据源与现实世界的同步性，不同数据源间的同步性，以及数据采集与处理的同步性上。灵活度则体现在用户可根据不同的应用目的，选择合适的数据采集与处理方式，建立二者之间的联系和反馈机制，以最合适的方式完成任务。自动化则意味着集成系统可以无须人工干预，自动完成从数据采集到处理的全部环节。这些优势在各种集成模式中均有体现。"3S"技术集成已经在测绘制图、环境监控、战场指挥、救灾、公安消防、交通管理、精细农业、地球科学研究、资源调查、国土整治、城市规划和空间决策等多个领域得到了广泛应用。展望未来，"3S"技术的应用领域还将继续扩展。尽管应用范围广泛且未来可能进一步扩大，但"3S"集成本质上是对地观测技术的集成，其提供的是不同层次的空间信息服务，服务内容会根据具体的应用场景而变化，但基本不会超出以下五个层次：①直接信息服务，如原始遥感影像、GNSS 定位信息和 GIS 数据库中的数据；②复合信息服务，如带有 RS 影像或地图背景的 GNSS 定位信息，处理后的带有地学编码的遥感影像，或同时包含 RS 和 GIS 信息的影像地图；③查询信息服务，如从空间位置到空间属性的双向查询及其联合查询；④计算信息服务，如 GIS 计算得出的空间目标的长度、面积、体积，或它们之间的距离和空间关系；⑤复杂信息服务，如利用空间分析和模型得到的结果，如最短路径、交通堵塞时的替代路线、污染物泄露或管线断裂的影响范围、自然灾害的实时灾情估算等。

在"3S"与通信技术集成方面，"3S"技术作为地球空间信息技术的代表，具备全数字、全自动、数据标准化的特点，可顺利与各种通信设备实现接口对接。网络和通信技术在过去几十年中迅猛发展，尤其是 5G 技术、宽带网络技术、WAP 技术、数字微波技术、卫星数据中继技术及调频副载波技术的进步，为地球空间信息技术与通信技术的融合提供了坚实的基础。

(一)数字中国与数字城市

当下，全球面临人口增长、环境污染、资源短缺、发展不平衡等诸多挑战。为了保障我们的生存环境，确保地球能够持续、稳定且可持续地发展，我们必须深入理解和认知我们的星球。基于此，"数字地球"这一概念被提出。简而言之，数字地球意味着建立一个全球性的地球信息模型，将地球各地的信息通过地理坐标的方式组织起来，不仅展现了信息间的内在联系，也方便了信息的检索和应用。数字地球分为三个层次：数字全球、数字国家和数字城市。在这一理念指导下，构建数字中国成为国家的一项重要战略，对于推动我国的可持续发展具有重要意义。

数字中国的建设覆盖了经济、政治、文化、社会和生态等多个领域的信息化进程，涉及宽带中国、"互联网＋"、大数据、云计算、人工智能、数字经济、电子政务、智慧城市及数字乡村等方面。借助遥感卫星影像作为主要载体，数字中国在可持续发展、农业、资源管理、环境保护、全球变化、生态平衡及水土保持等方面发挥着关键作用，促进了信息化和可持续发展的双轮驱动。

至于数字城市，则是推进我国城市信息化建设以及社会经济与资源环境的可持续发展的战略之一。城市作为人们生活的主要场所，其发展迅猛。现代人不再仅通过传统的数字图或平面图来了解城市，而是期望能够直观、实时地感知和认识城市。数字城市因此成为数字地球体系中不可或缺的一部分。目前，数字城市主要表现为三种形式：①文本形式的信息源，如平面图；②二维的城市地图和电子地图；③三维的城市空间，通过三维虚拟城市模型为界面，整合各类专题信息系统，提供多样的信息服务。三维数字城市是未来城市信息服务的基础，对城市居民的日常生活影响深远。所谓城市信息服务，包括提供城市交通、旅游景点、商业网点布局及特色、城市道路和建筑物的空间分布等信息。在数字城市中，用户仅需在电脑前指明关注的城市或信息，便可以轻松获取所需数据，甚至还能在数字地球的平台上进行商务活动、购物、旅游、休闲娱乐或与朋友在线交流。数字城市的信息服务因其覆盖用户广泛、信息需求多样、信息更新迅速以及服务方式灵活等特点，而成为基于宽带和分布式三维数据浏览、管理和交互操作的基石。

(二) 资源环境监测

目前，全球已发射了超过一千颗卫星，其中专用于环境监测的卫星也超过了一百颗。这些卫星极大地增强了"3S"技术在信息获取方面的能力，使其在水质、大气质量、生态系统、荒漠化及土地使用变化等多个领域的监测应用变得广泛，有效地解决了由于经济快速增长引起的滑坡、水土流失和土地退化等环境问题。在资源环境监测中，"3S"技术尤其是遥感监测和地理信息系统（GIS）分析扮演了关键角色。通过遥感（RS）技术，我们能够实时、精确地获取关于资源和环境的信息，实现对资源和环境变化的全面、持续监测；而 GIS 技术的强大模拟能力，可以将空间信息和属性信息进行有效整合，并分析其在空间和时间维度上的变化趋势。这两种技术的结合，在资源环境监测中展现了显著的优势。

我国的资源环境遥感监测起始于20世纪70年代，经过几十年的发展，已建立了一套系统化、立体化的探测网络，覆盖了对地表、生物圈、大气层及其相互作用的物理和化学过程的监测，相关应用也越来越深入。随着对资源环境问题的认识不断加深，特别是在实施可持续发展战略中遇到的种种限制和挑战，人们越来越重视这些问题。在这一背景下，"3S"技术显现出其重要价值。随着地理信息系统（GIS）、遥感（RS）和全球导航卫星系统（GNSS）等技术的集成日益完善，"3S"技术在提升国家资源环境监测与预警能力方面的作用越发显著。

(三) 智慧交通

智能交通系统（Intelligent Transportation System, ITS）是通过整合现代通信、定位、传感技术及其他信息技术，迅速采集和传递交通信息，为人、车、路之间建立最佳的时空模型，优化交通资源分配，提升地面交通状况的系统工程。基础地理信息构成了 ITS 的数据支撑平台。随着道路及其他基础设施的快速进步，城市交通网络与高等级公路网的建设周期相应缩短，这要求基础地理信息必须迅速更新，以维持其实时性、全面性和准确性，确保 ITS 的应用效果。

智慧交通是在智能交通基础上的进一步发展，它在交通领域深入应用物联网、云计算、人工智能、自动控制及移动互联网等前沿技术。通过这些高新技术汇聚交通信息，智慧交通不仅全面管控和支持交通管理、运输和公众出行等，还通过区域与城市的交通系统感知、连接、分析、预测和控制功能，极大地提高了交通安全、基础设施效能及运行效率，从而为公众便捷出行和经济的可持续发展服务。

"3S"技术为智慧交通的信息采集和数据库建设提供了关键支持。结合高分辨率卫星遥感和航空摄影测量，辅以灵活快捷的"3S"自动道路测量系统，该技术能高效采集和更新地理信息（包括空间三维坐标和地物属性），进行大比例尺数字地图的制作和修订，有效地解决了智慧交通所需的基础地理信息的时效性问题。基于"3S"集成的空间信息采集系统，借助差分GNSS提高空间数据测量精度，利用"3S"技术在处理和分析基础地理和路网数据等方面的优势，可以更合理地组织、管理和发布交通信息，提升交通系统运行效率，减少事故发生。通过对交通信息的深入分析和数据挖掘，掌握不同时间和区域的出行模式，支持交通管理部门进行规划、诱导和车流量预测，为缓解交通拥堵提供理论支持。

"3S"技术在交通领域的长期应用和发展，正在为交通系统构建适用的时空基准、数据模型和分析方法，开拓了信息采集、融合处理、数据挖掘和信息传递等技术方法的新篇章，广泛应用于交通管理、物流、智能导航、位置服务和交通安全等领域，推动全球环境改善和经济的持续发展。

(四) 精准农业

精准农业是一种综合应用GIS、GNSS、RS、计算机科技、通信、网络和自动化技术的先进农业模式。它与地理学、农业学、生态学、植物生理学、土壤学等基础学科相结合，实施从宏观到微观的农业生产监测。这种监控覆盖了农作物的生长状态、病虫害状况及水肥供给，并对环境条件进行定期的信息搜集和动态评估。借助专家系统进行诊断和决策分析，精准农业制订了详尽的作业计划，并依托GNSS和GIS的集成系统来指导田间操作。

在精准农业的实施中，单一的"3S"技术往往不能完全满足需求，因其缺乏在地测量、数据存储管理、信息处理和分析模拟的综合功能。因此，精准农业首先要构建一个全球航空遥感或卫星数据采集网络，以实时获取农作物的生长信息图像。通过图像处理技术进行变化监测，并结合已有的土壤信息数据库、灌溉、施肥和种植管理等农业专家系统数据库进行综合分析，形成精确的农业诊断图。随后，利用管理信息系统（MIS）对这些诊断数据进行全面分析，结合经济社会信息，进行投入产出评估并制订具体操作计划。在执行过程中，装备了自动化指挥控制系统的农业机械将在 GNSS 的引导下，准确地执行田间作业。为了确保作业的精准度，建立专题电子地图和覆盖广泛的 GNSS 差分服务网络是必需的。此外，为了提高系统效率，GIS 和 MIS 的数据交换需要高效的通信网络支持。实时控制和反馈的实现，依赖于建立起的无线通信网络，其中 5G 技术将提供有效的通信解决方案。

(五) 防灾减灾

自然灾害是全人类共同面临的威胁，我们不断遭受洪涝、干旱、地震、滑坡、地面沉降及土地沙漠化等多种自然灾害的挑战。特别是在社会经济快速发展、生产规模不断扩大的背景下，自然灾害导致的损失正呈现逐年增加的趋势，如何有效降低这些损失，已成为防灾救灾工作的核心任务之一。及时的早期预警是防灾备灾的科学基础，迅速的应急响应和有效的紧急救援是提升减灾效率、减少灾害损失的关键，而灾害评估则是抗灾救灾工作的重要支撑。因此，早期预警、应急响应和灾害评估构成了综合减灾工作的三大主要内容。随着"3S"技术的进步、信息交流方式的优化及自然灾害风险评估理论与方法的提升，"3S"技术在这三个领域显示出其独特的应用价值。

当前，我国已建立起从天空到地面的一体化灾害立体监测系统框架。在天基资源方面，目前运行在轨的民用遥感卫星已超过 20 颗，已成功组建的环境与灾害监测预报小卫星"2+1"星座，包括 2 颗光学卫星与 1 颗雷达卫星。未来，将进一步扩展为"4+4"星座，包括 4 颗光学小卫星与 4 颗合成孔径雷达小卫星。同时，风云卫星、海洋卫星、资源卫星、高分卫星等民用空间设施也持续为灾害风险及损失评估提供强有力的数据支持。

在应对自然灾害的预防和预警方面，国内外专家借助遥感影像、GNSS（全球导航卫星系统）等先进技术，深入研究了干旱、洪涝、森林火灾、土壤侵蚀、地震以及其他地质灾害的监测。通过采用高分辨率的机载和星载雷达遥感数据，结合 GNSS 和极轨卫星资料，能够对洪涝灾害进行实时监测，并提供防灾和救灾的策略建议。例如，利用遥感技术，我们已能有效监控和预警大兴安岭和中蒙边境的大规模森林火灾。这一监测体系主要由中国气象局国家卫星气象中心及地方气象局组成。此外，遥感和 GIS 系统也被广泛应用于黄土高原、三峡库区等关键侵蚀区域的土壤侵蚀预测，以及对黄河三角洲和内蒙古等地区土地盐渍化状况的动态监控。

目前，我国已建立了一套包括重大自然灾害的历史数据库和背景数据库，这使得我们能从全国层面宏观地分析自然灾害的风险区分和成灾规律。同时，还对上述重大灾种的监测评价技术进行了详细研究，并对急性灾情的应对策略进行了探讨，建立了各自的遥感－地理信息系统，有效地实现了对常发和突发自然灾害的监测与评估。"3S"技术在灾后评估中同样扮演了不可或缺的角色。灾害发生后，能够迅速获得遥感影像数据，并依据既定的数据处理方案，以最快速度评估灾区的受灾范围、居民分布和受灾程度等重要信息。GIS 的空间分析功能则进一步帮助我们分析灾害的分布特征、发展趋势及防治对策，为突发灾害的应急指挥和救援工作提供了科学的支持和指导。将 "3S" 技术与大数据、云计算及 "互联网＋" 等新技术和新理念进行深度融合，不仅能加深我们对各类灾害的感知和认识，还能创新灾害风险管理的业务模式，显著提升灾害监测与评估的能力。这种集成技术的应用是现代防灾减灾工作向前迈进的重要步骤，使我们能更加科学、系统地应对自然灾害，有效地保护人民的生命财产安全和社会稳定。

结束语

　　国土空间规划与测绘地理信息技术的研究，不仅对促进国家土地资源的合理利用和保护具有重要意义，也是推动智慧城市建设、提升区域发展质量的关键因素。随着科技的不断进步，这些技术在精准规划、高效管理及灾害预警等方面展现出巨大潜力。未来，我们期待这些技术能够进一步整合创新，为实现可持续发展目标提供更加坚实的支撑。同时，我们也应关注技术应用中的伦理和隐私问题，以确保技术发展与社会价值的和谐统一。让我们携手并进，共同迎接国土空间规划与测绘地理信息技术带来的美好未来。

参考文献

[1] 李洪兴，石水莲，崔伟.区域国土空间规划与统筹利用研究 [M].沈阳：辽宁人民出版社,2019.

[2] 王克强.上海国土空间规划与土地资源管理优秀成果选编 [M].上海：复旦大学出版社,2019.

[3] 童新华，韦燕飞.国土空间规划学 [M].长春：吉林大学出版社,2019.

[4] 李效顺.新时代国土空间规划理论与实践 [M].徐州：中国矿业大学出版社,2019.

[5] 李宏超，周荣，陈贺.全国测绘地理信息类职业教育规划教材·数字地形测量 [M].郑州：黄河水利出版社,2019.

[6] 李永川.全国测绘地理信息类职业教育规划教材地形测量 [M].郑州：黄河水利出版社,2019.

[7] 李猷.全国测绘地理信息类职业教育规划教材·空间数据库技术 [M].郑州：黄河水利出版社,2019.

[8] 樊森.国土空间规划研究 [M].西安：陕西科学技术出版社,2020.

[9] 夏南凯，肖达.国土空间规划经验与实践 [M].上海：同济大学出版社,2020.

[10] 鲁春雨.测绘地理信息技术与创新研究 [M].天津：天津科学技术出版社,2020.

[11] 黄焕春，贾琦，朱柏葳.国土空间规划 GIS 技术应用教程 [M].南京：东南大学出版社,2021.

[12] 黄焕春，王世臻.国土空间规划与建筑类课程专业教材·国土空间规划原理 [M].南京：东南大学出版社,2021.

[13] 孙施文，朱郁郁.理国土空间规划理论与方法 [M].上海：同济大学出版社,2021.

[14] 刘仁钊,马啸.高等职业教育测绘地理信息类十三五规划教材·数字测图技术 [M].武汉:武汉大学出版社,2021.

[15] 吴志强.国土空间规划原理 [M].上海:同济大学出版社,2022.

[16] 文超祥,何流.国土空间规划教材系列·国土空间规划实施管理 [M].南京:东南大学出版社,2022.

[17] 马旭东,刘慧,尹永新.国土空间规划与利用研究 [M].长春:吉林科学技术出版社,2022.

[18] 李明.国土空间规划设计与管理研究 [M].沈阳:辽宁人民出版社,2022.

[19] 黄经南,李刚翊.国土空间规划技术操作指南 [M].武汉:武汉大学出版社,2022.

[20] 程茂吉,陶修华.市县国土空间总体规划 [M].南京:东南大学出版社,2022.

[21] 侯丽,于泓,夏南凯.国土空间详细规划探索 [M].上海:同济大学出版社,2022.

[22] 吕翠华,万保峰,杜卫钢.测绘地理信息岗课赛证融通系列教材·无人机航空摄影测量 [M].武汉:武汉大学出版社,2022.

[23] 陈琳,刘剑锋,张磊.测绘地理信息岗课赛证融通系列教材·激光点云测量 [M].武汉:武汉大学出版社,2022.

[24] 武玉斌.全国测绘地理信息职业教育教学指导委员会十四五推荐教材·数字测图技术 [M].武汉:武汉理工大学出版社,2022.

[25] 张立.国土空间规划培训丛书·国土空间专项规划 [M].上海:同济大学出版社,2023.

[26] 耿慧志.国土空间规划培训丛书·国土空间精细化治理 [M].上海:同济大学出版社,2023.

[27] 卓健.国土空间规划培训丛书·城市更新与城市设计 [M].上海:同济大学出版社,2023.

[28] 申章民,张靖,于小鸥.城市更新与国土空间规划 [M].长春:吉林科学技术出版社,2023.

[29] 张祥德,方晨,郭紫镁.发展与保护国家级新区国土空间规划战略

研究·以兰州新区为例 [M]. 兰州：兰州大学出版社,2023.

[30] 褚喆. 全国测绘地理信息职业教育教学指导委员会十四五规划教材·地下工程测量 [M]. 武汉：武汉大学出版社,2023.

[31] 李建辉. 高等职业教育测绘地理信息类规划教材·地理信息系统技术应用 [M]. 武汉：武汉大学出版社,2023.

[32] 王冬梅. 高等职业教育测绘地理信息类规划教材·遥感技术应用 [M]. 武汉：武汉大学出版社,2023.

[33] 王敏, 刘小慧. 全国测绘地理信息职业教育教学指导委员会十四五规划教材·摄影测量基础 [M]. 武汉：武汉大学出版社,2023.